I CORIANDOLI

NIKOLA TESLA

LA MIA VITA

L'autobiografia di un genio

Prefazione di
GABRIELLA GREISON

Traduzione di
ALESSANDRO MOLA

Garzanti

Prima edizione: maggio 2023

Per essere informato sulle novità
del Gruppo editoriale Mauri Spagnol visita:
www.illibraio.it

Traduzione dall'inglese di
Alessandro Mola

Titolo originale dell'opera
My Inventions. The Autobiography of Nikola Tesla.

ISBN 978-88-11-00930-6

Printed in Italy

www.garzanti.it

PREFAZIONE
di Gabriella Greison

Nikola Tesla nasce nel 1856 in una cittadina poco conosciuta dell'Impero austroungarico. La sua città d'origine, Smiljan, oggi fa parte della Croazia, ma per tutti le sue origini sono serbe. Studia ingegneria elettrica all'Università di Graz, in Austria. A metà del terzo anno si trasferisce a Praga, dove si dedica allo studio della fisica e della matematica. Non termina l'università, non si laurea. Malgrado la sua propensione per le materie scientifiche, infatti, non ottiene il certificato tanto ambito. Parte di nuovo e si sposta in Ungheria e poi in Slovenia, dove lavora come ingegnere, per poi trasferirsi di nuovo, stavolta a Parigi. Tesla ha diversi problemi di salute, è alto e magro, ha difficoltà di concentrazione e grandi difficoltà di percezione. Ma possiede una cosa che a molti fa invidia: una memoria prodigiosa. Con la memoria riesce a fare tutto. Con il ricordo e i collegamenti mentali arriva alle soluzioni dei problemi più disparati. In diverse occasioni, è proprio la memoria a salvarlo.

Dalla società del tempo Tesla viene visto come un personaggio strano, bizzarro – un pazzo. Il racconto più ricorrente su di lui sostiene che non abbia mai avuto alcuna relazione intima. Proviamo a immaginare, sulla gente di allora, che impressione potessero esercitare queste voci! Anzi, successe di più: i pettegolezzi diventarono certezze, e questo fece sì che nascessero su di lui diverse teorie.

Studiare Nikola Tesla, purtroppo, non può prescindere anche da questo: nel corso degli anni vennero fatte diverse speculazioni sul suo conto, e la letteratura che tuttora si rifà a questo filone è molto rigogliosa. Gay o non gay, autistico o non autistico, ebreo o non ebreo: tutti racconti superflui. Il nostro fine, oggi, è di introdurre uno scienziato che ha segnato per sempre il nostro mondo. Con questo libro, in cui è Tesla stesso a prendere la parola e a raccontarsi in prima persona, entriamo nel suo scrigno, un luogo precluso ai più e preziosissimo. Prima di farlo, però, visto che il personaggio è illustre e che di narrazioni su di lui se ne sono susseguite tante, sarà necessario riordinare meglio le tessere del puzzle.

Per capire il fenomeno Tesla, è impossibile fare cenno a ogni dettaglio che lo riguarda. La stampa del periodo insiste molto sulle questioni private. Una delle teorie più in voga negli Stati Uniti – poco dopo il trasferimento dalla Francia nel 1884, quando stava iniziando a farsi conoscere per le sue invenzioni – riferisce il suo terrore estremo nei confronti dei germi. Per questo avrebbe evitato in tutti i modi il contatto con gli esseri umani. Prendiamola per buona, e andiamo avanti.

La stampa coeva si scatenò anche perché era un personaggio fuori dal comune, che faceva affidamento solo sulla propria testa e per vivere non aveva bisogno di nient'altro se non di sé stesso. Iniziò a ottenere i primi brevetti, e alcune sue invenzioni furono usate per sostenere le teorie dell'occultismo, sugli UFO e le cosiddette pseudoscienze, tutti argomenti che lasciano il tempo che trovano, ma che ancora oggi trovano spazio nella nostra società anche in forme meno evidenti (oroscopi, teorie new age, santoni, veggenti, cartomanti, astrologi, youtuber onniscienti).

Dal momento in cui si trasferisce in America, la sua fama diventa imperitura. Thomas Alva Edison prende il giovane emigrato a lavorare con sé e gli propone di sviluppare il suo famoso generatore di corrente continua. Per Edison i brevetti diventano molto redditizi, ma Tesla in cambio ottiene ben poco.

Ma a Tesla la fama non interessa. Con la sua testa sta già andando oltre. I suoi nuovi studi vertono sulla produzione di corrente alternata, e così procede in proprio, affiancando allo studio privato il lavoro da semplice operaio per guadagnarsi da vivere. Nel 1887 costruisce il primo motore a induzione a corrente alternata, ottiene visibilità e viene chiamato da George Westinghouse nella sua azienda. Inizia la famosa «Guerra delle Correnti».

Nel 1890 inventa gli oscillatori elettrici e il trasformatore ad alta tensione, noto come «bobina di Tesla». Conduce diversi esperimenti sui raggi X, dimostra le comunicazioni a corto raggio di Guglielmo Marconi e aziona la prima barca radiocontrollata all'interno di una piscina del Madison Square Garden.

Nel 1891, nella sua abitazione di New York crea un laboratorio che gli frutta diverse invenzioni e brevetti. Pubblica i risultati dei suoi lavori su riviste specializzate e diventa un punto di riferimento negli Stati Uniti per lo studio del magnetismo, delle correnti, dell'energia elettromagnetica e della comunicazione radio.

I suoi brevetti più celebri riguardano i fondamenti del sistema elettrico a corrente alternata, la distribuzione elettrica polifase e i motori elettrici a corrente alternata, con i quali contribuisce alla nascita della seconda rivoluzione industriale.

Deposita un totale di duecentottanta brevetti, divisi in ventisei paesi diversi, di cui centoundici negli Stati Uniti, dove è tuttora ricordato e omaggiato nell'ambito della tecnologia e delle scienze applicate. Il suo ultimo brevetto risale al 1928.

Gli ammiratori lo definiscono «l'uomo che ha inventato il ventesimo secolo»; la sua importanza viene riconosciuta in occasione della Conférence Générale des Poids et Mesures del 1960, quando all'unità del Sistema internazionale di misura dell'induzione magnetica viene dato il suo nome.

Oggi, il ricordo di Tesla è più vivo che mai.

In Croazia esistono centoventotto piazze a lui dedicate e ogni anno si tiene il Rally Nikola Tesla, una gara riservata alle auto elettriche.

Anche le contestazioni ai lavori di Tesla sono però più vive che mai. Negli anni, alcune sono state vinte, alcune perse, altre sono risultate del tutto prive di fondamento, e altre ancora sono state verificate soltanto dopo la sua morte.

Tesla muore per un attacco cardiaco a ottantasei anni, nella sua stanza d'albergo. Da solo, naturalmente, al verde e pieno di debiti.

* * *

Ci sono date importanti. Date grazie alle quali entriamo in connessione con qualcosa d'altro. Per Nikola Tesla le date importanti sono quattro. Quattro anni cruciali che racchiudono tutto il suo percorso: il 1884, quando si trasferisce in America e diventa celebre come inventore; il 1891, quando crea il suo laboratorio all'interno del suo appartamento a New York e si sente un uomo appagato; il 1915, quando fa causa a Guglielmo Marconi, per poi finire in bancarotta; il 1931, quando è sulla copertina della rivista «Time» per le sue invenzioni e da quel momento in avanti il mondo lo omaggerà sempre per la sua intelligenza. Queste quattro date costituiscono l'ossatura della sua vita. Si dice spesso che bastino solo quattro anni per descrivere il percorso terreno delle persone: per lui sono questi, e corrispondono alle quattro stagioni, a quattro «cambiamenti climatici» che hanno rappresentato per lui la forza, l'elevazione, lo spegnimento, e la rinascita.

In questo libro non troverete la sua semplice biografia, per questo ve la sto raccontando io. Quello che troverete è, piuttosto, il suo pensiero. E tutto ciò che riguarda il suo pensiero, qui, è stato scritto di suo pugno, e in prima persona.

Sono tanti i passaggi che mi hanno colpita, ma ve ne citerò soltanto alcuni. Come per esempio quando racconta della sua grande dedizione al lavoro: ha fatto della sua professione la sua unica e sola ragione di vita, si è dedicato anima e corpo a tutto ciò che la sua mente riusciva a pensare, ha raggiunto con il pensiero ogni obiettivo. Ha usato la testa a livelli altissimi, ed è riuscito a scardinare ogni limite rappresentato dalla fatica.

Mi piace il suo modo di dedicarsi all'ozio: è come se trovasse nel riposo il luogo migliore per avere nuove idee, e per riaccendere il processo creativo. È lui stesso a dire: «Ho prosperato sui miei pensieri». Ha puntato tutto sul suo cervello, guadagnandoci tutto quello che poteva guadagnarci. Non tutti riescono a farlo, e non a tutti è concesso farlo.

Questo libro è ricco di consigli e avvertimenti per i giovani, di tante frasi che possono essere estrapolate dalle nuove generazioni come slogan motivazionali. Compresi gli ostacoli che ha dovuto affrontare e compresa la sua stessa coscienza di quello che stava diventando.

È Tesla stesso a dirci di aver capito di essere un inventore soltanto quando ha raggiunto la maturità. Non prima. Nessuno ti dice che sei un inventore: sei tu che devi pensarlo di te stesso e iniziare a farti chiamare così. È questo l'insegnamento numero uno di Tesla.

Tesla ci racconta anche di avere avuto sempre poca fiducia in sé stesso, e questo è stato il suo limite più grande. Anche la fiducia in sé stessi non te la danno gli altri: sei tu che devi prendertela a forza, che devi trovare le energie per costruirla. Figuriamoci, a Nikola Tesla la famiglia sconsigliava vivamente di proseguire nel percorso scientifico che si era scelto. Volevano che diventasse un ecclesiastico, per garantirsi un posto sicuro e un futuro certo. Invece, il giovane Nikola voleva fare l'ingegnere, professione al tempo poco chiara ai più.

Tesla, già da ragazzo, confida di avere avuto visioni. Le visioni per lui erano dei momenti rivelatori, degli istanti che si concretizzavano con flash improvvisi cui facevano seguito immagini confuse di avvenimenti o persone.

Un altro insegnamento di Tesla sta in una sua bellissima riflessione: «Per materializzare concetti e idee basta immaginarli». Tesla racconta che, quando gli viene un'idea, comincia a costruirla a mente. Ne modifica la struttura, apporta miglioramenti ed esegue prove, sempre a mente. Non c'è alcuna differenza, per lui, tra far funzionare una turbina a mente o nel suo laboratorio. Si accorge persino se c'è equilibrio, soltanto immaginandolo.

Tesla è stato probabilmente l'inventore più prolifico della storia. E lui stesso ci dice il motivo che lo ha spinto a diventarlo: «Salvare vite». Secondo lui, lo sforzo essenziale di un inventore deve essere solo quello di salvare vite. «Che imbrigli le forze della natura, migliori l'efficienza di un dispositivo, fornisca nuovi servizi e comodità, egli sta sostanzialmente accrescendo il livello di sicurezza della nostra esistenza.» L'inventore è anche più qualificato rispetto alla gente comune a proteggersi dal pericolo, perché è capace di osservare dal di fuori ed è ricco di risorse interiori. Quindi, la sua conclusione è: affidiamoci agli inventori.

Per quel che riguarda le sue passioni, ricordiamo quella per la montagna. Tesla trascorre la maggior parte del tempo libero a passeggiare per i boschi, carico di libri. Il contatto con la natura gli corrobora lo spirito e il corpo. Dice che proprio stando in montagna «pensai e progettai, e concepii molte idee, perlopiù illusorie».

Poi ci fu il suo incontro con Edison, che fu un evento memorabile della sua vita. Scrive lui stesso: «Ero stupito al cospetto di quest'uomo che, senza alcuna educazione formale, era riuscito a raggiungere così importanti traguardi. Io parlavo dieci lingue, avevo studiato la letteratura e l'arte, speso i miei anni migliori nelle biblioteche, leggendo qualsiasi cosa mi passasse sottomano, dai *Principia* di Newton ai romanzi di Paul de Kock, e mi sentivo come se la maggior parte della mia vita fosse andata sprecata. Ma non ci volle molto perché mi accorgessi che era invece la cosa migliore che avessi potuto fare. In poche settimane mi guadagnai la fiducia di Edison».

Ma è fondamentale indagare meglio anche la figura dell'innovatore, che è oggi più che mai centrale nella nostra società. Nikola Tesla è stato un grande innovatore. E nella parola «innovatore», per lui, è implicato anche il concetto di esploratore. L'istinto a esplorare per avventurarsi in luoghi sconosciuti è un aspetto comune a molti esseri umani. Ma sono soltanto questi ultimi duecento anni ad averci fornito i risultati più mirabolanti in qualsiasi settore. Esplorare terre ignote, trovare nuove strade, nuovi punti di vista, muoversi in vari ambiti con prospettive diverse: tutto questo ci consente di provare meraviglia. La meraviglia è esattamente la sensazione che cerchiamo. Quella che abbiamo provato da neonati e che ci spinge a cercare la novità. Chi fa dell'esplorazione la propria professione vive una perenne incandescenza.

Gli esploratori e gli innovatori sono però pochi rispetto alla popolazione mondiale. Per questo motivo molti credono che siano esseri speciali, con poteri fuori dal comune. Invece non è così. Prendiamo Elon Musk, tra gli uomini più ricchi e potenti al mondo, ma anche un uomo che si definisce affetto da tutte le paure possibili. E forse non è un caso che abbia scelto di chiamare proprio Tesla la sua azienda più importante. Gli innovatori non sono persone perfette, hanno difetti, hanno ansie, hanno tanti lati oscuri, esattamente come noi. Proprio perché, dove c'è tanta luce, esiste altrettanta ombra. Quindi, se anche voi vi sentite delle persone piene di difetti, consideratevi a tutto tondo degli innovatori.

Essere innovatori è un'attitudine che va coltivata. È una propensione che va alimentata. Nessuno nasce innovatore, e tutti possono arrivare alla consapevolezza di esserlo.

L'innovazione si trova in ogni campo del sapere: dalla politica alle religioni, all'arte, all'economia, alla cucina, all'edilizia, alla sostenibilità, al marketing. In ogni ambito delle attività umane ci sono storie di uomini e di donne che hanno dato tutto per cambiare le cose, per far svoltare una situazione, per far crescere un luogo, per rivoluzionare il proprio settore. Uomini e donne che non hanno dato nulla per scontato, si sono rimboccati le maniche, e hanno trovato una nuova strada da percorrere.

L'innovazione è cultura. E oggi più che mai la cultura fiorisce in luoghi dove è possibile farsi ascoltare. Per questo vi voglio lasciare con un consiglio, che poi è il mio motto: non state dove o con chi non vi fa fiorire. Se vi avventurate lungo sentieri nuovi, e trovate davanti a voi ostacoli, state bene attenti alla tipologia di ostacoli che dovete oltrepassare, perché ci sono diversi modi per farlo. Ci sono ostacoli per cui vale la pena lottare, e altri che sono battaglie perse in partenza, quindi è necessario cambiare strada se volete continuare a crescere.

Non so quanti veri innovatori abbiate avuto come esempi nella vostra vita, quello di cui sono certa, però, è che avrete sicuramente conosciuto i loro più accaniti detrattori. Perché sono in numero maggiore e sono ben sparpagliati sul globo terrestre. I nemici degli innovatori sono i tradizionalisti, quelli che mantengono le cose come sono sempre state. Quelli che quando proponi un'idea nuova si oppongono dicendo: «Ma noi abbiamo sempre fatto così!». Quelli che, quando proponi una cosa nuova da fare, rispondono: «Mettiti in coda». Ecco, scappate da loro. Cambiate aria. Nei tradizionalisti c'è tutto ciò che dobbiamo temere. Vedono nell'innovazione un pericolo, perché è una cosa nuova e diversa. Potete chiamarli in tanti modi, basta che sappiate identificarli. Una volta identificati, statene alla larga.

Al nostro paese, invece, un po' di innovazione farebbe molto bene. Conservando il valore delle nostre radici, ci sarebbe bisogno di vedere nei vari campi, dalla politica alla scuola, dall'industria al commercio, giovani menti al lavoro, per crescere e per offrire un futuro diverso alle nuove generazioni. Oggi più che mai ci sarebbe bisogno di dare spazio ai Tesla dei tempi moderni, per trovare una nuova chiave di lettura e uscire dalla crisi, per crescere, vivere e non solo sopravvivere.

Torno, in chiusura, alle parole di Tesla che troverete in questo libro. Sono parole gentili. C'è sempre un momento nella vita in cui si decide come usare le parole: c'è chi adotta il cinismo come arma acuminata con cui combattere giornalmente contro tutto e tutti; chi utilizza il sarcasmo per infliggere stilettate profonde; chi usa la cattiveria per colpire dritto al cuore; chi ricorre a frasi fatte e luoghi comuni per assicurarsi una fetta di pubblico ampia che non suole ragionare. Ecco, oggi come oggi, nella nostra società è più coraggioso parlare con gentilezza.

Dolcezza e impeto, questo è stato Nikola Tesla. E questo troverete di lui nel libro. Una fonte di grazia rinfrescante. Un tesoro fluido che emana raffinata bellezza e selvaggia innocenza.

Ma gli scritti di Tesla ci aiutano anche a comprendere come non bisogna appiattirsi sulla ragione dominante, che impone regole e modelli. I ragazzi e le ragazze da sempre prendono Tesla come esempio per trovare la direzione. Loro che da sempre sono pronti a sfondare i soffitti. Loro che non hanno bisogno di vaghi incoraggiamenti, ma di politiche che consentano di avere successo. Di persone che intorno a loro affrontino le conseguenze del loro comportamento tossico che per anni ha infestato la ricerca scientifica e la divulgazione. Di role model. Le nuove generazioni non vogliono stare a casa, e allo stesso tempo vogliono occuparsi dei figli. È un cambiamento culturale forte, quello cui stiamo assistendo. Le ragazze e i ragazzi hanno da sempre qualcosa da dire, il problema è il potere. Teniamolo a mente, quando leggiamo le parole di Tesla. E teniamolo a mente quando ci inoltreremo verso nuovi orizzonti con la voglia di realizzarci.

Oggi abbiamo più che mai bisogno di trovare luce in nuovi miti che ci indichino la strada da seguire. Per questo, la direzione non ce la fornisce certo la classe politica: dobbiamo cercarla noi, con letture edificanti, con storie che ci facciano stare bene e aiutino a guardare lontano. Tesla era uno che guardava lontano. Nei momenti di pausa, quando voleva riposare la mente, dopo aver fatto lunghe passeggiate in montagna, si racconta amasse guardare le stelle. Non c'è attività più bella che guardare le stelle. Lo abbiamo fatto tutti, da bambini. Guardavamo le stelle, cercavamo di contarle, ma perdevamo il conto. Il limite era nostro. Guardare le stelle vuol dire conoscere i nostri limiti. Ma noi possiamo andare oltre il nostro limite, possiamo andare al di là, possiamo essere cosmici, diventare infiniti.

L'esperienza di infinito ci è offerta proprio dalla fisica, la materia che da ragazzo Tesla amava studiare più di tutte le altre, e che oggi io divulgo con tutte le mie forze. Invito tutti a indagarla autonomamente, senza obblighi, lasciandosi guidare dalla meraviglia e dalla curiosità.

L'amore per la scienza è amore per la vita. Lo stupore e la felicità che porta la scienza non ha eguali. La scienza impone un modo diverso di essere umani, davanti all'intelligenza degli uomini. La ricerca, anche interiore, che guida la scienza è impetuosa: se impari a gestirla, significa che vuoi migliorare le cose. E ci riuscirai.

LA MIA VITA

1.
ANNI GIOVANILI

Il progresso dell'uomo dipende in misura vitale dall'invenzione, il più notevole prodotto della sua immaginazione creativa. Scopo ultimo dell'invenzione è l'affermazione del primato della mente sul mondo materiale e l'asservimento delle forze della natura al bisogno umano. Questo è il difficile compito dell'inventore, che spesso resta privo di riconoscimento e ricompensa. Egli trova però ampio risarcimento nell'appagante esercizio delle sue facoltà e nella consapevolezza di essere parte di un gruppo di individui eccezionalmente privilegiato, senza il quale la razza umana avrebbe da tempo avuto la peggio nell'aspro confronto contro gli elementi spietati.

Quanto a me, ho già goduto oltre misura di questo delizioso appagamento, al punto che, per molti anni, la mia vita è stata un rapimento pressoché continuo. Sono sempre stato considerato uno strenuo lavoratore, e forse lo sono davvero, se il pensiero è sinonimo di fatica, poiché a esso ho devoluto gran parte delle mie ore di veglia. Se invece intendiamo il lavoro come una specifica operazione da portare a termine in un lasso di tempo prestabilito e secondo regole precise, sarei forse da annoverare tra gli oziosi più incalliti. Ogni sforzo provocato da una costrizione impone un sacrificio di energia. Io non ho mai pagato tale prezzo. O forse, al contrario, ho potuto prosperare sui miei pensieri.

Nel tentativo di dare un coerente e veritiero racconto delle mie attività nella serie di articoli che sarà presentata in collaborazione con gli editori dell'«Electrical Experimenter» e che sono rivolti precipuamente ai giovani lettori, devo soffermarmi, ancorché a malincuore, sui ricordi della mia infanzia oltre che sulle circostanze e gli eventi che hanno avuto un ruolo decisivo nel determinare la mia carriera.

Le nostre prime inclinazioni sono puro istinto, tentativi di un'immaginazione vivace e indisciplinata. A mano a mano che cresciamo la ragione si sviluppa e diventiamo sempre più sistematici e inclini alla progettualità. Ma questi primi impulsi, per quanto non produttivi nell'immediato, sono snodi di cruciale importanza e possono plasmare il nostro destino. Sento, in effetti, che se allora li avessi compresi e coltivati invece che inibiti, avrei di molto accresciuto il valore del mio lascito al mondo. Ma solo quando ho raggiunto la maturità, mi sono reso conto di essere un inventore.

Le motivazioni sono molteplici. In primo luogo, ho avuto un fratello molto talentuoso – uno di quei miracoli d'ingegno che la scienza non è in grado di spiegare. La sua prematura scomparsa precipitò i miei genitori nella più cupa disperazione.

Possedevamo un cavallo che ci era stato donato da un caro amico. Era un magnifico animale di razza araba, dotato di intelligenza quasi umana, cui l'intera famiglia rivolgeva cure e affetto, visto che in circostanze straordinarie aveva salvato la vita di mio padre: una notte d'inverno, era stato chiamato a svolgere un lavoro urgente e, mentre attraversava le montagne infestate dai lupi, il cavallo si era spaventato ed era corso via facendolo cadere rovinosamente a terra. L'animale era quindi tornato a casa, stremato e coperto di sangue, ma, una volta dato l'allarme, era ripartito di gran carriera per ritornare sul posto e, prima che i soccorsi avessero percorso molta strada, furono raggiunti da mio padre, che aveva ripreso conoscenza ed era rimontato in sella, senza rendersi conto di essere rimasto per diverse ore sdraiato nella neve. Lo stesso cavallo è responsabile delle ferite che provocarono la morte di mio fratello. Ho io stesso assistito alla scena e, benché da allora siano passati cinquantasei anni, mi sembra di averla davanti agli occhi con la stessa vivida forza.

Il ricordo dei traguardi da lui raggiunti faceva sembrare vano, al confronto, ogni mio sforzo. Qualsiasi cosa di rilevante io facessi, aggravava nei miei genitori il dolore per quella perdita. Per questo motivo, sono cresciuto con pochissima fiducia in me stesso. Ciò non significa certo che fossi uno stupido, almeno a giudicare da un avvenimento di cui conservo un forte ricordo.

Un giorno, i membri del consiglio municipale passarono dalla strada dove stavo giocando insieme con altri ragazzi. Il più vecchio di questi rispettabili gentiluomini – un ricco concittadino – si attardò a dare una moneta d'argento a ciascuno di noi. Avvicinatosi a me, si fermò di colpo e mi ordinò: «Guardami negli occhi». Così feci, la mano tesa in avanti per ricevere l'ambita moneta, quando, con mio sgomento, egli disse: «No, tu no. A te non darò nulla, sei troppo furbo». Su di me girava una storiella divertente. Avevo due vecchie zie con il volto pieno di rughe, una con denti così sporgenti che fendevano l'aria come zanne di un elefante; ogni volta che mi baciava, me le cacciava in profondità nella guancia. Non c'era niente che mi spaventasse più che essere abbracciato da queste donne tanto affettuose quanto orribili. Capitava a volte che, mentre ero in braccio a mia madre, mi chiedessero chi delle due fosse la più bella. Dopo aver esaminato con attenzione i loro volti, io rispondevo serioso, puntando il dito: «Questa è meno brutta dell'altra».

Ma c'è di più. Sin dalla nascita, ero destinato alla vita ecclesiastica, una prospettiva che mi ha sempre oppresso. Desideravo diventare ingegnere, ma mio padre era inflessibile. Figlio di un ufficiale dell'esercito di Napoleone il Grande, al pari del fratello, eminente matematico in una venerabile istituzione, aveva ricevuto un'educazione militare; fatto singolare, aveva poi deciso di abbracciare la professione clericale, dando seguito a una vocazione che gli avrebbe regalato una posizione eminente. Mio padre era un uomo assai erudito, filosofo, poeta e scrittore di talento, e i suoi sermoni avevano fama di eguagliare in eloquenza quelli di Abramo di Santa Chiara. Dotato di una memoria prodigiosa, citava interi brani in diverse lingue ed era solito scherzare dicendo che, se i classici fossero scomparsi, lui avrebbe potuto ricostruirli parola per parola. Il suo stile era molto ammirato. Vergava aforismi brevi e limpidi, ed era dotato di grande humour e salacità. I suoi guizzi ironici erano sempre originali e pertinenti. Per fare un esempio, potrei ricordare due episodi. Tra gli aiuti di casa, c'era un uomo strabico di nome Mane, che si occupava di svolgere diversi lavoretti nella fattoria. Un giorno stava tagliando la legna. Mentre brandiva l'ascia, mio padre, in piedi poco lontano, lo avvertì: «Per carità di Dio, Mane, non colpire quello che vedi, ma quello che vuoi colpire». In un'altra occasione, uscì per una passeggiata con un amico che lasciava con noncuranza che la sua costosa pelliccia sfregasse contro la ruota del carro. Mio padre lo rintuzzò dicendo: «Tira dentro quella pelliccia che mi rovini il cerchione!». Aveva la strana abitudine di parlare da solo e spesso si lasciava andare ad animose chiacchierate, indulgendo in scambi di infuocata dialettica, cambiando tono di voce, al punto che un ascoltatore occasionale avrebbe potuto pensare che nella stanza ci fosse più di una persona.

Per quanto debba far risalire a mia madre ogni briciolo di inventiva in mio possesso, anche l'addestramento impostomi da mio padre ha dato i suoi frutti. Comprendeva ogni sorta di esercizi: per esempio, cercare di indovinare l'altrui pensiero, individuare i difetti di ogni forma o espressione, ripetere lunghe frasi o svolgere complessi calcoli a mente. Queste lezioni quotidiane erano pensate per potenziare la memoria e le capacità di ragionamento, e soprattutto per sviluppare il senso critico, e furono, al di là di ogni ragionevole dubbio, estremamente utili.

Mia madre apparteneva a una delle più antiche famiglie del paese e a una stirpe di inventori. Suo padre e suo nonno avevano ideato diversi utensili per semplificare la vita domestica, e non solo in ambito agricolo.

Era davvero una gran donna, di rara abilità, coraggiosa e forte, che ha attraversato le tempeste della vita e affrontato più di un'ardua esperienza. Quando aveva sedici anni, una terribile pestilenza flagellò il paese. Mentre suo padre era lontano per amministrare l'ultimo sacramento ai moribondi, lei assisteva i nostri vicini, colpiti dalla malattia. I cinque membri di quella famiglia morirono in rapida successione. Mia madre lavò, vestì e preparò i corpi dei defunti, abbellendoli con fiori, come richiesto dalla tradizione, e quando mio nonno fu di ritorno le salme erano pronte per ricevere la sepoltura cristiana. Mia madre era anche un inventore di primissimo valore e, credo, avrebbe raggiunto grandi obiettivi se non fosse stata così lontana dalla vita moderna e dalle sue molteplici opportunità. Ha inventato e costruito ogni tipo di congegno e attrezzo, e intesseva raffinati disegni con il filo che lei stessa aveva filato. Addirittura, piantava i semi, allevava le piante e separava manualmente le fibre. Lavorava indefessamente, dal primo sorgere del sole a notte fonda, e gran parte degli abiti e della biancheria domestica era frutto delle sue fatiche. Quando aveva ormai superato i sessanta, le sue dita erano ancora abbastanza abili da «stringere tre nodi in un battito di ciglia».

C'è un'altra e più importante ragione per il mio tardivo risveglio. In giovinezza, soffrivo di un peculiare disturbo dovuto al manifestarsi di visioni, spesso accompagnate da intensi lampi di luce che distorcevano il reale aspetto delle cose e interferivano con pensieri e azioni. Queste visioni riproducevano oggetti o scene che avevo visto davvero e non erano mai frutto di immaginazione. Quando qualcuno pronunciava una parola, subito l'immagine corrispondente all'oggetto designato mi si parava davanti vivida, e a volte ero incapace di distinguere se quello che vedevo era tangibile o meno. Un fatto che mi causava intenso fastidio e ansia. Nessuno degli studenti di psicologia e fisiologia che ho consultato è mai riuscito a dare una spiegazione soddisfacente di questi strani fenomeni. Probabilmente, però, c'entrava una qualche forma di predisposizione, visto che anche mio fratello soffriva di analoghi disturbi.

La spiegazione che ho infine formulato è che quelle immagini fossero il risultato di un'azione riflessa del cervello sulla retina, quando era sottoposto a un intenso stimolo. Di certo non erano allucinazioni come quelle che si producono nelle menti malate e tormentate, perché in ogni altro aspetto della vita ero normale e calmo. Per avere un'idea del mio disagio, provate a immaginare che avessi assistito a un funerale o a qualche altro spettacolo particolarmente gravoso per i nervi. Poi, inevitabilmente, nella calma della notte, una vivida immagine della stessa scena mi si sarebbe ripresentata *davanti* agli occhi, rimanendovi fissa nonostante i miei sforzi per scacciarla. A volte, restava lì ferma anche se provavo ad attraversarla con la mano.

Se la mia spiegazione è corretta, dovrebbe essere possibile proiettare su uno schermo e rendere visibile l'immagine di qualsiasi oggetto concepito a mente, un'innovazione che rivoluzionerebbe i rapporti umani. Sono convinto che questo miracolo sarà compiuto nel tempo a venire, e aggiungo che ho in prima persona dedicato molto tempo a escogitare una soluzione al problema.

Per liberarmi dal tormento delle visioni, cercavo di concentrarmi su qualcos'altro, provando in tal modo un temporaneo sollievo; per ottenerlo, però, ero costretto a concepire ininterrottamente nuove immagini. Non ci volle molto perché esaurissi il novero di quelle a mia pronta disposizione; la mia «pellicola» finì presto perché, in effetti, avevo visto ben poco del mondo – soltanto gli oggetti che si trovavano in casa o nei dintorni. Dopo aver eseguito per due o tre volte la stessa operazione mentale per scacciare le visioni, essa perdeva gradualmente di efficacia.

Così, cominciai istintivamente a vagare al di fuori degli stretti confini del mondo di cui avevo contezza, e nuove scene prendevano vita. All'inizio erano molto confuse e indistinte, e si dissolvevano appena cercavo di concentrare su di loro la mia attenzione, ma a poco a poco riuscii a renderle più concrete. Si fecero forti e nitide, assumendo i contorni precisi della realtà. Presto mi resi conto che il sollievo era tanto più duraturo quanto più mi addentravo nella visione, concependo ogni volta nuove immagini. Fu così che cominciai a viaggiare – con la mente, beninteso. Ogni notte (e qualche volta anche di giorno), quando ero solo, partivo alla volta di nuovi luoghi, città e paesi: incontravo persone, stringevo nuove amicizie e, per quanto sembri incredibile, quelle persone mi erano care quanto quelle che incontravo nella vita reale ed erano altrettanto concrete nelle loro manifestazioni.

Continuai così fino a quando, a diciassette anni, mi volsi con maggior serietà alle invenzioni. Fu allora che scoprii, con grande soddisfazione, che ero in grado di visualizzare gli oggetti con estrema facilità. Non avevo bisogno di modellini, disegni o esperimenti. Mi bastava immaginarli. Insomma, avevo inconsciamente sviluppato un metodo per materializzare concetti e idee, opposto a quello sperimentale e, a mio parere, più rapido ed efficace. Quando l'inventore è costretto a costruire un oggetto per dare forma all'idea pura, nel processo porta inevitabilmente a galla dettagli e difetti. La necessità di continui miglioramenti e ricostruzioni attenua la forza di concentrazione e offusca la visione del principio sottostante. È comunque possibile ottenere dei risultati, ma a scapito della qualità.

Il mio metodo è diverso. Non ho fretta di passare al lavoro vero e proprio. Quando mi viene un'idea, comincio a costruirla nella mia testa. Modifico la struttura, la miglioro, la metto alla prova. Non v'è alcuna differenza, per me, tra far funzionare una turbina a mente o nel mio laboratorio – *mi accorgo persino se non è ben bilanciata.* I risultati sono gli stessi. In questo modo, riesco a sviluppare e perfezionare velocemente un'intuizione senza alzare un dito. Quando ho incluso nell'invenzione ogni possibile miglioramento ed eliminato ogni difetto visibile, solo allora do forma concreta al prodotto finale del mio cervello. Senza fallo, le mie invenzioni funzionano come pensavo avrebbero fatto e l'esperimento riesce come avevo previsto. In vent'anni non c'è stata nemmeno un'eccezione. E perché mai dovrebbe andare diversamente? L'ingegneria, sia meccanica sia elettrica, produce risultati discreti e sperimentabili. Non c'è argomento che non possa essere spiegato matematicamente, i cui effetti calcolati e i risultati determinati in anticipo a partire dai dati teorici e pratici a disposizione. L'attuazione pratica di un'idea pura secondo le consuete metodologie è, a mio parere, nient'altro che uno spreco di energia, soldi e tempo.

I miei disturbi giovanili erano, d'altronde, proficuamente controbilanciati. L'incessante esercizio mentale mi ha permesso di accrescere la capacità di osservazione e di scoprire una verità di grande importanza. Notai infatti come la comparsa delle visioni fosse sempre preceduta dalla constatazione di scene reali, caratterizzate da condizioni insolite ed eccezionali; ogni volta sentivo la necessità di localizzare l'impulso originario. In poco tempo, questa reazione divenne pressoché automatica, trasformandosi in una naturale facilità nel collegare causa ed effetto. Con stupore, realizzai che ogni mio pensiero prendeva spunto da una sensazione concreta. Non solo: anche tutte le mie azioni rispondevano al medesimo stimolo. Così, mi divenne perfettamente chiaro che non ero altro che un *automaton* dotato di facoltà di movimento, che rispondeva agli stimoli degli organi di senso, pensava e agiva coerentemente. Il risultato pratico di questa premessa è l'arte della *teleautomatica*, fino a oggi sviluppata in modo imperfetto, ma le cui potenzialità nascoste saranno presto chiare al mondo. Sono anni che pianifico l'avvento di automi e sono altresì convinto che possano essere costruiti meccanismi che, operando come se fossero, in certa misura, dotati di ragione, saprebbero rivoluzionare molti comparti del commercio e dell'industria.

Avevo circa dodici anni quando, per la prima volta, riuscii a scacciare una visione grazie alla forza di volontà, ma non sono mai stato in grado di controllare i lampi di luce di cui ho parlato sopra. Sono stati, forse, la più strana e inspiegabile esperienza che ho provato. Di solito si manifestavano quando mi trovavo in una situazione pericolosa o stressante, oppure quando ero particolarmente euforico. In alcune occasioni ho visto l'aria davanti a me riempirsi di lingue di vivo fuoco. Col tempo, invece che diminuire, la loro intensità crebbe, raggiungendo il culmine quando avevo circa venticinque anni. Nel 1883 mi trovavo a Parigi. Un importante industriale francese mi invitò a una battuta di caccia, e io accettai; dopo essere stato a lungo chiuso in laboratorio, l'aria fresca mi rinvigorì. Ritornato in città, quella sera, provai la sensazione che il mio cervello avesse preso fuoco. Vedevo una luce, come un piccolo sole, e passai tutta la notte ad applicarmi impacchi freddi per dare sollievo alla testa dolente. Alla fine, i lampi diminuirono di frequenza e intensità, ma ci vollero tre settimane perché svanissero del tutto. Quando mi fu recapitato un secondo invito la mia risposta fu un enfatico: «NO!».

Di tanto in tanto, questi fenomeni luminosi si ripresentano ancora, per esempio quando mi colpisce un'idea che spalanca nuove possibilità, ma essendo poco intensi, non sono più particolarmente eccitanti. Quando chiudo gli occhi, la prima cosa che vedo è uno sfondo blu scuro e uniforme, non diverso dal cielo in una limpida notte senza stelle. In pochi secondi, questo spazio si anima di innumerevoli fiocchi di luce verde scintillante che, disponendosi su diversi livelli, avanzano verso di me. Quindi, sulla destra, appare uno splendido motivo formato da due sistemi di linee parallele ravvicinate, disposte ad angolo retto, di tutti i colori, con una nota dominante oro e giallo-verde. Subito dopo le linee diventano via via più chiare e l'insieme si spruzza di punti scintillanti. Quest'immagine si sposta lentamente attraverso il campo visivo e, in una decina di secondi, svanisce verso sinistra, lasciandosi dietro una sgradevole e inerte distesa grigia, in cui si apre un mare gonfio di nuvole che si fondono tra loro a imitazione di forme viventi. Curiosamente, non riesco a proiettare alcuna immagine in questo grigio, fino a quando non interviene la seconda fase. Ogni volta, prima di addormentarmi, vedo materializzarsi immagini di cose e persone e, quando accade, capisco che sono sul punto di perdere coscienza. Se invece non ci sono, e si rifiutano di comparire, significa che sto andando incontro a una notte insonne.

Un altro strano episodio dimostra fino a che punto l'immaginazione abbia giocato un ruolo fondamentale nei miei anni giovanili. Come a molti bambini, anche a me piaceva saltare, e in particolare restare sospeso a mezz'aria. Di tanto in tanto un forte vento ricco di ossigeno spirava dalle montagne e allora immaginavo che il mio corpo fosse leggero come un tappo di sughero: potevo saltare e fluttuare nello spazio per lunghi attimi. Era una sensazione magnifica, quanto era cocente la delusione che seguiva.

In quel periodo, avevo sviluppato una serie di strani gusti e idiosincrasie, alcuni riconducibili a fattori esterni, altri inspiegabili. Provavo una violenta avversione per gli orecchini da donna, mentre altri gioielli, come per esempio i braccialetti, potevano piacermi o non piacermi a seconda della forma. La vista di una perla mi provocava una crisi di nervi, ma ero ammaliato dallo scintillio del cristallo e di oggetti analoghi, con parti lisce e acuminate. Mai avrei toccato i capelli di un estraneo se non, forse, con una pistola alla tempia. Guardare una pesca mi faceva salire la febbre, e se in casa c'era anche solo un pezzettino di canfora provavo un acuto malessere. Ancora oggi non sono del tutto indifferente ad alcuni di questi stimoli molesti. Se, per esempio, lascio cadere dei quadratini di carta in un piatto pieno di liquido, sento sempre un sapore disgustoso in bocca. Contavo i passi durante le passeggiate e calcolavo il volume di piatti di zuppa, tazze di caffè e pezzi di cibo – altrimenti non riuscivo a godermi il pasto. Tutte le azioni e operazioni che mi trovavo a svolgere più volte dovevano essere divisibili per tre e se perdevo il conto, non potevo resistere all'impulso di riprendere tutto da capo, anche se ci volevano ore.

Fino all'età di otto anni, il mio carattere fu debole e insicuro. Non avevo né coraggio né forza sufficiente a prendere una decisione definitiva. I miei sentimenti erano ondivaghi e oscillavano tra estremi opposti: i desideri mi divoravano e si moltiplicavano come le teste dell'idra. Ero oppresso da sensazioni dolorose e da timori religiosi e di morte. Ero plagiato da preoccupazioni superstiziose e vivevo nel costante terrore degli spiriti maligni, fantasmi, orchi e altri empi spiriti dell'oscurità. Poi, all'improvviso, si verificò un grande cambiamento che alterò il corso della mia intera esistenza.

La cosa che mi piaceva di più erano i libri. Mio padre possedeva una vasta biblioteca e ogni volta che potevo cercavo di soddisfare la mia voglia di leggere. Lui non me lo permetteva e, quando mi sorprendeva a farlo, montava su tutte le furie. Quando scoprì che leggevo di nascosto, nascose le candele. Non voleva che mi consumassi gli occhi. Allora mi procurai del sego, lo asciugai e modellai l'impasto in cilindri sottili; ogni notte, tappavo il buco della serratura e la fessura sotto la porta e leggevo fino all'alba, quando gli altri ancora dormivano e mia madre cominciava la sua dura routine mattutina. Una volta, mi imbattei in un romanzo intitolato *Abafi* – il figlio di Aba –, traduzione serba del famoso scrittore ungherese, Miklós Jósika. Quell'opera, in qualche modo, risvegliò le mie facoltà sopite e cominciai a esercitare l'autocontrollo. All'inizio, i miei intenti si scioglievano come la neve in aprile, ma in poco tempo riuscii ad avere la meglio sulla mia debolezza e provai un piacere mai sperimentato prima – quello di fare ciò che volevo. Nel corso del tempo, questo vigoroso esercizio mentale divenne una sorta di seconda natura. Inizialmente dovetti porre un freno ai miei desideri, ma gradualmente, desiderio e volontà si equivalsero. Grazie ad anni di disciplina, ottenni un tale controllo su me stesso, che potevo permettermi di scherzare con passioni che avrebbero causato l'annichilimento di uomini temprati. A un certo punto, mi venne la mania del gioco d'azzardo, il che destò grande preoccupazione nei miei genitori. Sedermi a giocare a carte era per me la quintessenza del piacere. Mio padre, che aveva vissuto una vita esemplare, non poteva in alcun modo giustificare la perdita di tempo e soldi nella quale indulgevo. Dalla mia, io avevo una fortissima volontà, ma scarso senso del limite, così gli rispondevo: «Posso smettere quando voglio, ma perché rinunciare a ciò che mi guadagna le gioie del Paradiso?». Mio padre dava spesso sfogo alla sua ira e al suo disprezzo. Mia madre, invece, era diversa; lei capiva l'indole degli uomini e intuiva che la salvezza di ognuno può venire solo dallo sforzo individuale. Un pomeriggio, ricordo, quando avevo perso tutti i soldi e non volevo altro che fare un'altra partita, lei venne da me con un rotolo di banconote e disse: «Va' e divertiti. Prima perderai tutto quello che abbiamo, meglio sarà. So che ce la farai a uscirne». Aveva ragione. Alla fine, ho avuto la meglio sul vizio e l'unico rimpianto è stato di non essere stato cento volte più forte. E non solo l'ho sconfitto... l'ho estirpato dal cuore in modo tanto radicale che non ha lasciato neanche un'ombra di desiderio. Da quel momento in poi ho respinto ogni forma di gioco d'azzardo come l'idea di strapparmi un dente.

In un altro periodo della mia vita, ho fumato troppo, mettendo a repentaglio la salute. Anche allora la mia volontà seppe imporsi e non solo ho smesso, ma addirittura soppresso ogni tentazione.

Qualche tempo fa, soffrivo di un disturbo cardiaco, poi ho scoperto che era dovuto alla tazza di caffè che ero solito consumare ogni mattina. Ho smesso da un momento all'altro, anche se devo confessare che non è stato facile. Nello stesso modo ho sempre tenuto sotto controllo ed eventualmente imbrigliato ogni passione, e così non solo ho preservato la mia salute, ma anche tratto un'enorme soddisfazione da quello che la maggior parte degli uomini avrebbe considerato nul-l'altro che privazione e sacrificio.

Dopo aver terminato gli studi al Politecnico, ebbi un esaurimento nervoso e, durante la malattia, potei osservare molti strani e incredibili fenomeni.

2.
PRIME INVENZIONI

Devo indulgere su questi incredibili fenomeni, sia in ragione del loro possibile interesse per gli studenti di psicologia e fisiologia, sia perché questo periodo di lotte ha avuto rilevanti conseguenze sul mio sviluppo mentale e conseguenti imprese. In primo luogo, è però indispensabile spiegare le circostanze che li precedettero, che ne forniscono una parziale spiegazione.

Sin dalla prima infanzia, sono stato costretto a concentrare l'attenzione su me stesso. La cosa mi ha causato enormi sofferenze ma, a riguardarla adesso, è stata una benedizione sotto mentite spoglie: mi ha insegnato l'inestimabile valore dell'introspezione nella salvaguardia della vita e come mezzo per raggiungere i miei obiettivi. La pressione dell'attività lavorativa e l'incessante fluire delle sensazioni che si riversano nella nostra coscienza attraverso i varchi della conoscenza rendono pericolosa sotto molteplici aspetti la vita moderna. Molte persone sono a tal punto assorte nella contemplazione del mondo esterno da essere del tutto inconsapevoli di ciò che accade dentro di loro. La morte prematura di milioni di individui è ascrivibile proprio a questa ragione.

Anche tra coloro che sono più consapevoli, è errore comune scansare l'immaginazione e ignorare i pericoli reali. E ciò che è vero per una singola persona è spesso vero anche per un intero popolo. Si prenda a esempio il movimento proibizionista. Una misura drastica, se non anticostituzionale, viene ora imposta in tutto il paese per prevenire il consumo di alcol, ma è un fatto provato che caffè, tè, tabacco, gomma da masticare e altri stimolanti, ampiamente consumati sin dalla tenera età, sono molto più dannosi per la salute della nazione, a giudicare dal numero dei decessi. A Vienna, patria dei bevitori di caffè, durante i miei anni da studente avevo stimato, a partire dai necrologi, che il numero di morti correlate a disturbi cardiaci poteva raggiungere il *sessantasette per cento* del totale. Simili dati potranno essere osservati anche in città in cui è il consumo di tè a essere eccessivo. Queste deliziose bevande sovreccitano, e gradualmente esauriscono, le fibre del cervello. Inoltre, interferiscono in modo grave con la circolazione arteriosa e dovrebbero essere gustate con minor frequenza soprattutto perché i loro effetti sono lenti e impercettibili. Il tabacco, invece, facilita e favorisce i pensieri lievi, distraendoci dall'intensità e dalla concentrazione necessarie a ogni originale e vigoroso sforzo dell'intelletto. La gomma da masticare è utile per breve tempo, ma fiacca il sistema ghiandolare infliggendogli danni irreparabili, per non parlare di quanto sia ripugnante. L'alcol, se consumato con moderazione, è un tonico eccellente, ma i suoi effetti sono tossici se è assunto in maggior quantità, ed è peraltro irrilevante se viene ingerito come whisky o prodotto nello stomaco a partire dallo zucchero.

Non andrebbe sottovalutato il fatto che tutti questi «fattori di distruzione» sono preziosi alleati della natura e tengono alto lo stendardo della sopravvivenza del più forte. Gli zelanti riformatori dovrebbero essere consapevoli dell'eterna perversità del genere umano, che rende un indifferente *laissez-faire* assai preferibile a una costrizione forzosamente imposta. La verità è che abbiamo bisogno di questi stimolanti per svolgere al meglio il nostro lavoro, incalzati dalle attuali condizioni di vita, e che dobbiamo esercitare la moderazione e controllare appetiti e inclinazioni di ogni genere. È quello che io ho fatto per molti anni, conservandomi giovane in spirito e corpo. L'astinenza non è sempre stata di mio gusto, ma ne ho ricevuto ampia compensazione nelle gradevoli esperienze che sto vivendo ora. Nella sola speranza di guadagnare qualche adepto ai miei precetti e convinzioni, ne ricorderò un paio.

Poco tempo fa, stavo tornando in albergo. Era una notte particolarmente fredda, il terreno era scivoloso, e non v'erano taxi a portata di voce. Un uomo mi seguiva a mezzo isolato di distanza, parimenti ansioso di mettersi al riparo. All'improvviso mi ritrovai gambe all'aria. Nel medesimo istante un lampo mi esplose nel cervello, i nervi risposero, i muscoli si contrassero, mi avvitai su me stesso di centottanta gradi e atterrai sulle mani. Mi rimisi a camminare come se nulla fosse successo, quando lo sconosciuto mi aveva ormai raggiunto.

«Quanti anni ha?» mi chiese squadrandomi con lo sguardo.

«Cinquantanove», risposi. «Perché me lo chiede?»

«Be'», disse lui, «ho visto un gatto fare quello che ha fatto lei, mai un uomo.»

Solo un mesetto fa volevo ordinare dei nuovi occhiali e sono andato da un oculista che mi ha sottoposto ai soliti esami. Quando ho letto senza difficoltà le lettere più piccole a distanza considerevole, mi ha rivolto uno sguardo incredulo. Quando poi gli ho detto che avevo passato i sessanta, è rimasto senza fiato per lo stupore.

Gli amici spesso mi fanno notare che gli abiti che indosso mi calzano a pennello, ma quello che non sanno è che sono tutti realizzati da misure prese trentacinque anni fa e mai aggiornate. In tanto tempo, il mio peso non è cambiato di un chilo.

Al riguardo, mi sovviene una storiella curiosa. Una sera d'inverno del 1885, il signor Edison, il signor Edward H. Johnson, presidente della Edison Illuminating Company, il signor Batchellor, direttore operativo, e io entrammo in un piccolo locale di fronte al numero 65 della Fifth Avenue, dove si trovavano gli uffici della compagnia. Qualcuno propose di indovinare il rispettivo peso corporeo e io fui invitato a salire su una bilancia.

Edison mi squadrò con attenzione e disse: «Tesla pesa sessantanove chili, chilo più chilo meno», e aveva ragione. Pesavo precisamente sessantacinque chili, e li peso tuttora.

Allora sussurrai al signor Johnson: «Come ha fatto Edison a indovinare quanto peso?».

«Be'», rispose lui abbassando la voce, «le dirò come, in confidenza, ma non deve rivelarlo a nessuno. Edison ha lavorato a lungo in un macello di Chicago dove pesava centinaia di cinghiali al giorno. Ecco perché.»

Un caro amico, l'onorevole Chauncey M. Depew, narra di un inglese cui raccontò uno dei suoi divertenti aneddoti; dapprima l'uomo lo ascoltò con espressione perplessa per poi scoppiare in una fragorosa risata un anno dopo. Ecco, devo confessare che mi ci volle persino più tempo per apprezzare quella battuta.

Il mio benessere fisico è il risultato di uno stile di vita attento e misurato e la cosa davvero stupefacente è forse che, per ben tre volte durante la mia giovinezza, fui ridotto un relitto dalla malattia al punto che i medici avevano abbandonato ogni speranza di cura. Di più: a causa della mia ignoranza e frivolezza, mi sono ficcato in ogni sorta di difficoltà, pericoli e inciampi, districandomi come per magia. Ho rischiato di affogare almeno una decina di volte, mi hanno quasi bollito vivo e cremato. Sono stato sepolto, mi sono perso e congelato. Me la sono cavata per un pelo sfuggendo a cani rabbiosi, cinghiali e altri animali feroci. Ho affrontato terribili mali e ogni sorta di strani contrattempi, e il fatto che oggi io sia ancora sano e forte è un vero e proprio miracolo. Ma se ripenso a tutti questi incidenti, sono convinto che il fatto che io sia sopravvissuto non sia del tutto accidentale.

Lo sforzo essenziale di un inventore è quello di salvare vite. Che imbrigli le forze della natura, migliori l'efficienza di un dispositivo, fornisca nuovi servizi e comodità, egli sta sostanzialmente accrescendo il livello di sicurezza della nostra esistenza. L'inventore è anche più qualificato di una persona comune nel proteggersi dal pericolo, perché è capace di osservare ed è pieno di risorse. Se non avessi avuto alcuna altra prova del fatto che ero straordinariamente dotato di tali qualità, lo avrei scoperto grazie ad alcune personali esperienze. Il lettore saprà giudicare da solo in base a un paio di esempi.

Una volta, avevo circa quattordici anni, volevo spaventare alcuni amici che stavano facendo un bagno con me. Il mio piano era di nuotare sotto una lunga struttura galleggiante e riaffiorare silenziosamente all'altra estremità. Sapevo nuotare e immergermi come un pesce ed ero convinto di riuscire a portare a termine l'impresa. Così, andai sott'acqua e, appena scomparso alla vista, mi voltai e mi misi ad avanzare rapidamente nella direzione opposta. Convinto di aver ormai superato la struttura, riemersi e, con sgomento, urtai una trave. Come è naturale, ripresi a nuotare spingendomi in avanti con rapide bracciate fino a quando mi mancò il fiato. Tentai allora di risalire in superficie una seconda volta, ma di nuovo urtai una trave con la testa. Sentii montare l'angoscia. Ciononostante, raccolsi le forze e feci un terzo, disperato tentativo, ma il risultato fu lo stesso. La tortura dell'apnea era ormai insopportabile, mi girava la testa e mi sentivo andare a fondo. In quel momento, al colmo della disperazione, vidi un lampo di luce e la struttura sopra di me mi apparve davanti agli occhi. Fu così che vidi o indovinai la presenza di un piccolo spazio tra il pelo dell'acqua e le assi che poggiavano sopra le travi e, sul punto di perdere coscienza, mi lasciai galleggiare e premetti la bocca contro il legno, riuscendo a inalare una piccola quantità d'aria, ancorché mescolata a uno schizzo d'acqua che per poco non mi strozzò. Ripetei la stessa procedura più e più volte, trasognato, finché il cuore, che batteva all'impazzata, rallentò e riuscii a riprendere il controllo. Tentai diverse immersioni, poiché avevo del tutto perso il senso dell'orientamento, riuscendo infine a uscire da quella trappola quando i miei amici mi avevano ormai dato per disperso e stavano cercando di ripescare il mio corpo.

La stagione estiva si concluse all'insegna di quel gesto temerario, ma presto dimenticai la lezione e, nel giro di un paio d'anni, mi trovai in una situazione ancora peggiore. Vicino alla città in cui studiavo ai tempi, c'erano un grande mulino e una diga che attraversava il fiume. Di norma, il livello dell'acqua superava lo sbarramento di pochi centimetri e nuotare nei dintorni era un'attività non troppo pericolosa che mi concedevo spesso. Una volta, mi trovavo da solo al fiume come mio solito. A poca distanza dal mulino, però, mi accorsi che l'acqua era più alta del solito e che la corrente mi stava trascinando con sé; cercai di mettermi in salvo, ma era troppo tardi. Fortunatamente riuscii a evitare di essere travolto aggrappandomi alla parete della diga con entrambe le mani. La pressione sul petto era molto forte e riuscivo a malapena a tenere la testa fuori dall'acqua. Non c'era nemmeno un'anima in vista e le mie grida si perdevano nel ruggito della cascata. Stavo, a poco a poco e inesorabilmente, perdendo le forze e, proprio quando stavo per lasciare la presa e schiantarmi sulle rocce, vidi in un lampo di luce un diagramma che illustrava un ben noto principio dell'idraulica: la pressione di un fluido in movimento è proporzionale all'area su cui si esercita. Automaticamente mi girai sul fianco sinistro. Come per magia, la pressione si ridusse e, in quella posizione, era molto più facile resistere alla forza della corrente. Ma ero ancora in pericolo. Sapevo che prima o poi sarei stato trascinato giù, perché nessuno sarebbe potuto intervenire in tempo, anche se fossi riuscito ad attirare l'attenzione. Ora sono ambidestro, ma all'epoca ero mancino e avevo molta meno forza nel braccio destro. Per questo motivo, esitavo a girarmi sull'altro fianco per riprendere fiato e non mi restava altro da fare che trascinarmi lungo la superficie della diga. Dovevo allontanarmi dal mulino, verso cui ero rivolto, perché in quel punto la corrente era molto più veloce e intensa. Era un'impresa lunga e dolorosa e, arrivato al termine dello sbarramento, rischiai quasi di cadere di sotto a causa di un avvallamento nella struttura. Con l'ultimo briciolo di forza riuscii a superarlo e svenni proprio sull'argine, dove fui più tardi soccorso. Mi ero strappato la pelle su tutto il fianco sinistro e ci vollero diverse settimane perché la febbre scomparisse e mi sentissi di nuovo bene.

Questi sono solo due esempi tra i tanti, ma sono sufficienti a dimostrare come, non fosse stato per il mio istinto d'inventore, non sarei qui oggi a raccontare questa storia.

Spesso mi viene chiesto come e quando ho cominciato a inventare. L'unica risposta che posso dare alla luce di quanto ricordo è che il mio primo tentativo fu piuttosto ambizioso, visto che implicava l'invenzione di un *apparato* e di un *metodo.* Nel primo ero stato preceduto, ma il secondo era del tutto originale. Andò così.

Un giorno, un mio compagno di giochi venne in possesso di un amo e altri attrezzi da pesca che destavano l'ammirazione dell'intero villaggio. La mattina seguente uscimmo tutti a caccia di rane. In seguito a un litigio con questo ragazzo, rimasi solo. Non avevo mai visto un vero amo e me lo immaginavo come un oggetto meraviglioso, dotato di straordinarie qualità, ed ero molto dispiaciuto di non poter partecipare alla battuta. Spinto dalla necessità, trovai chissà come un pezzo di fil di ferro morbido, ne martellai tra due pietre un'estremità per renderla acuminata, poi lo assicurai a un pezzo di spago resistente. Tagliai un ramo, misi insieme un'esca e mi avviai verso una palude in cui le rane abbondavano. Non riuscii a catturarne nemmeno una ed ero sul punto di perdere la speranza quando, un po' per caso, lasciai penzolare l'amo vuoto davanti a una rana immobile su un ceppo. All'inizio rimase tranquilla, ma col passare del tempo i suoi occhi divennero sempre più sporgenti e iniettati di sangue, si gonfiò fino a raddoppiare di dimensioni e diede un violento strappo all'amo. Subito la tirai su. Provai ancora e ancora, e il mio metodo si dimostrò infallibile. Quando i miei compagni, che, a dispetto della loro sopraffina strumentazione, non avevano catturato nulla, mi raggiunsero, divennero verdi d'invidia. Per molto tempo, mi godetti il monopolio, ma alla fine mi arresi allo spirito del Natale. Allora, ogni ragazzo apprese lo stesso metodo che, l'estate seguente, seminò morte e distruzione tra le rane.

I miei successivi sforzi inventivi operarono sotto l'influsso del medesimo impulso che, più tardi, mi avrebbe sempre guidato: piegare le forze della natura al servizio dell'uomo. È quello che ho fatto con i maggiolini – quelli che negli Stati Uniti vengono chiamati *june bugs*: nella mia terra d'origine, erano una vera e propria piaga e a volte rompevano i rami degli alberi con l'enorme peso dei loro corpi. I cespugli ne erano completamente ricoperti. Ne attaccavo quattro a due legnetti disposti a croce, imperniati su un sottile rotore che trasmetteva a sua volta il movimento a un disco più grande, generando una considerevole «potenza». Erano creature molto efficienti: una volta partite continuavano a muoversi senza fermarsi mai; giravano per ore e ore e più la temperatura aumentava più lavoravano duramente. Andava tutto bene, finché sopraggiunse un ragazzo dall'aria strana. Era figlio di un ufficiale in congedo dell'esercito imperiale austriaco. Quel teppista si mangiava i maggiolini vivi e li apprezzava manco fossero pregiate ostriche di Blue Point. Uno spettacolo disgustoso, che mise fine alle mie attività in quel promettente campo, tanto che non sono mai più riuscito a toccare un maggiolino, o alcun altro insetto.

Fu più o meno in quel periodo che cominciai a smontare e rimontare gli orologi di mio nonno. Nella prima operazione avevo sempre successo, mentre la seconda era spesso fallimentare. Accadde così che lui decise di mettere fine alle mie operazioni in modo tanto indelicato che mi ci vollero trent'anni per provare di nuovo a lavorare su un orologio. Poco dopo, mi costruii una specie di fucile giocattolo, fatto con un tubo, un pistone e due tappi di canapa. Per sparare bastava appoggiare il pistone contro la pancia e tirare indietro con forza il tubo. L'aria tra i due tappi veniva compressa, saliva rapidamente di temperatura e uno di essi veniva espulso con una forte esplosione. La cosa difficile era scegliere un ramo cavo del diametro giusto. Mi divertivo molto con quel fucile, ma i miei ottimi risultati entrarono in contrasto con i vetri delle finestre di casa, causandomi un doloroso scoramento.

Se mi ricordo correttamente, poi fu la volta delle spade intagliate da pezzi di mobili di recupero. A quel tempo, ero completamente affascinato dalla poesia nazionale serba e pieno di ammirazione per le imprese di quegli eroi. Passavo ore ad abbattere nemici, nella forma di piante di granturco – rovinando così il raccolto e meritando numerosi sculaccioni da mia madre (e non parlo di gesti formali, ma di clamorose ripassate...).

Tutto questo accadeva prima che compissi sei anni e terminassi il primo anno di elementari nel villaggio di Smiljan, dove sono nato. A quel punto ci trasferimmo nella vicina cittadina di Gospić. Quel cambio di residenza fu, per me, una sciagura. Quasi mi spezzò il cuore separarmi da piccioni, galline, pecore e dal magnifico stormo di oche che era solito levarsi tra le nuvole ogni mattina e ritornare al tramonto dalla pastura in perfetta formazione di battaglia, tanto perfetta che avrebbe fatto sfigurare uno squadrone dei migliori aviatori di oggi. Nella nuova casa, non ero altro che un prigioniero che spiava strane persone attraverso le tende. Ero talmente timido che avrei preferito affrontare un leone infuriato che uno qualsiasi dei ragazzi che si aggiravano per la città. Ma l'ordalia più terribile era la domenica, quando dovevo vestirmi di tutto punto per partecipare alla messa. Lì avvenne un incidente il cui solo ricordo mi fa gelare il sangue anche a distanza di anni. Fu la mia seconda avventura in una chiesa. Non molto tempo prima ero stato rinchiuso nella cripta di una vecchia chiesetta in mezzo alle montagne, un luogo di culto quasi inaccessibile che veniva visitato solo una volta l'anno. Era stata un'esperienza terribile, ma questa fu ancora peggiore. In città viveva una donna molto facoltosa, una donna buona ma dai costumi sfarzosi, che era solita venire in chiesa riccamente truccata, vestita con un enorme strascico e seguita da un codazzo di domestici. Una domenica, appena finito di suonare la campana nella torre, mi precipitai giù dalle scale proprio quando la gran dama stava avanzando lentamente e saltai sul suo strascico. La stola si strappò con un boato che risuonò come una salva di moschetti sparata da un plotone di reclute. Mio padre era livido di rabbia. Mi diede una leggera sberla su una guancia, l'unica punizione corporale che mi abbia mai inflitto, e la sento ancora adesso. L'imbarazzo e la confusione che seguirono furono indescrivibili. Fui praticamente ostracizzato finché non accadde qualcos'altro che mi diede l'occasione di redimermi agli occhi della comunità.

Un giovane e intraprendente commerciante aveva organizzato una caserma di pompieri: fu acquistata un'autopompa, preparate le divise, e gli uomini si addestrarono per svolgere il servizio e per le parate cittadine. Il carro dei pompieri era dotato di una grossa pompa operata da sedici uomini ed era splendidamente dipinto in rosso e nero. Il pomeriggio del collaudo ufficiale la macchina fu portata al fiume. L'intera popolazione si era riunita per assistere al grande spettacolo. Una volta conclusi i discorsi e le cerimonie, fu dato il comando di attivare la pompa, ma nemmeno una goccia d'acqua uscì dall'ugello. Professori ed esperti cercarono senza successo di individuare il problema. Quando arrivai sul posto il fiasco era ormai completo. Non avevo alcuna conoscenza del meccanismo né alcuna cognizione relativa alla pressione dell'aria, ma istintivamente cercai il tubo di aspirazione e mi accorsi che era schiacciato. Così mi immersi e lo liberai: l'acqua fluì con forza e non pochi abiti della domenica ne fecero le spese. Archimede che correva nudo per le strade di Siracusa gridando a pieni polmoni «*Eureka!*» non doveva aver fatto più impressione di quanta ne feci io. Fui sollevato in aria e acclamato come l'eroe del giorno.

Dopo essermi trasferito in città, fui iscritto a un corso di quattro anni presso la cosiddetta Scuola Normale, per preparare l'ammissione al Real Ginnasio. In quel periodo i miei sforzi e i miei exploit giovanili, così come i miei guai, continuarono. Tra le altre cose mi guadagnai la fama di miglior cacciatore di corvi del paese. Andavo nella foresta, mi nascondevo tra i cespugli e imitavo il verso dell'animale. Di solito, nel giro di pochi minuti, ricevevo diverse risposte e un corvo si posava negli arbusti di fianco a me. Non mi restava altro da fare che lanciare un pezzettino di carta per distrarlo, saltare su e afferrarlo prima che potesse districarsi dall'intreccio di rami. Potevo imprigionarne quanti volevo. Ma un episodio mi ha insegnato a rispettarli. Avevo catturato una bellissima coppia di questi uccelli e stavo ritornando a casa in compagnia di un amico. Mentre lasciavamo la foresta, centinaia di corvi si radunarono a formare uno spaventoso stormo. In pochi minuti, si misero all'inseguimento e ci avvilupparono completamente. Il divertimento durò finché non ricevetti un colpo dietro la testa che mi mise al tappeto. Poi mi attaccarono con violenza. Fui costretto a lasciare liberi i due animali e mi affrettai a raggiungere il mio amico che aveva trovato riparo in una caverna.

Nella mia classe, a scuola, c'erano una serie di interessanti modelli meccanici che mi appassionarono alle turbine idrauliche. Ne costruii moltissime e mi dava sempre molto gusto farle funzionare. Un episodio potrebbe ben illustrare quanto sia stata straordinaria la mia vita.

Mio zio non vedeva di buon occhio questo tipo di passatempo e mi aveva ripreso in più di un'occasione. Ma io ero affascinato da una descrizione delle cascate del Niagara che avevo letto con attenzione, e avevo immaginato una grande ruota attivata dalla caduta dell'acqua. Allora gli promisi che sarei andato in America per mettere in pratica il mio progetto. Trent'anni più tardi ho visto la mia idea realizzata, meravigliandomi di fronte all'ineffabile mistero della mente umana.

Costruivo ogni sorta di congegni e strumenti, ma tra tutti i migliori erano le balestre.

Una volta scoccate, le mie frecce scomparivano alla vista e, a corto raggio, erano in grado di attraversare un'asse di pino spessa più di due centimetri. A causa della ripetuta operazione di tendere la corda, la pelle sulla pancia mi era diventata dura come quella di un coccodrillo, e spesso mi chiedo se sia per questo che ancora oggi non ho difficoltà a digerire persino le pietre. Né posso passare sotto silenzio l'abilità con la fionda che mi fruttò un'esibizione mozzafiato all'Ippodromo.

Racconterò una delle mie imprese con questo antichissimo strumento di guerra che vi trascinerà al colmo dell'incredulità.

Mi stavo esercitando mentre passeggiavo lungo il fiume con mio zio. Il sole era al tramonto, le trote di umore vivace e, di tanto in tanto, un pesce saltava fuori dall'acqua, il corpo lucente nettamente delineato sullo sfondo di una roccia aggettante. Chiunque sarebbe stato in grado di colpirlo in condizioni tanto favorevoli, ma io mi ero prefissato un compito molto più difficile e avevo spiegato nei minimi dettagli a mio zio che cosa intendessi fare: volevo scagliare un sasso, colpire il pesce, schiacciarne il corpo contro la roccia retrostante e tagliarlo perfettamente a metà. Detto fatto. Mio zio mi guardò spaventato a morte ed esclamò: «*Vade retro, Satana!*». Passarono alcuni giorni prima che mi rivolgesse di nuovo la parola.

Tralascerò di parlare di altre mie imprese, per quanto notevoli, grazie alle quali, credo, potrei riposare sugli allori per mille anni ancora.

3.
IMPRESE SUCCESSIVE

La scoperta del campo magnetico rotante

All'età di dieci anni, entrai al Reale Ginnasio, un istituto nuovo e relativamente ben attrezzato. Il dipartimento di fisica possedeva diversi modelli delle classiche apparecchiature scientifiche, sia elettriche sia meccaniche. Le dimostrazioni e gli esperimenti condotti di volta in volta dagli insegnanti mi affascinavano, e rappresentarono senza dubbio un potente incentivo al prosieguo della mia attività di inventore. Ero anche molto appassionato di studi matematici e spesso mi aggiudicavo il premio del professore per la rapidità nel calcolo. Un compito semplice vista l'abitudine a visualizzare forme e a eseguire calcoli a mente, non secondo il consueto metodo intuitivo, ma come fossero concreti. Fino a un certo livello di complessità, per me era assolutamente uguale scrivere i simboli sulla lavagna o combinarli insieme nella mia visione mentale.

Non potevo invece sopportare il disegno a mano libera, cui erano destinate diverse ore di lezione; cosa assai strana, peraltro, visto che molti membri della mia famiglia eccellevano in questa attività. Forse la mia avversione era dovuta alla predilezione che provavo nel pensare indisturbato. Non fosse stato per altri alunni straordinariamente stupidi, che non riuscivano a realizzare un bel niente, i miei voti sarebbero stati i peggiori della classe. Ed era un serio problema, perché il sistema scolastico allora in vigore prevedeva l'obbligo del disegno, e lo scarso rendimento metteva a repentaglio l'intera mia carriera. Mio padre ebbe serie difficoltà a rimettermi sui giusti binari nel passaggio da una classe all'altra.

Durante il secondo anno di frequenza, fui preso dall'idea di ricavare il moto continuo dalla pressione costante dell'aria. L'episodio della pompa, che ho già raccontato, aveva stimolato la mia immaginazione, facendomi realizzare le infinite possibilità del vuoto pneumatico. Il desiderio di dominare quell'energia inesauribile divenne frenetica, ma per lungo tempo fui costretto a brancolare nel buio. I miei sforzi si concretarono infine in un'invenzione che mi avrebbe permesso di raggiungere ciò che nessun altro mortale aveva mai tentato. Immaginate un cilindro libero di ruotare su due cuscinetti, in parte circondato da un'armatura rettangolare, perfettamente corrispondente. Il lato aperto della struttura è chiuso per il lungo in modo tale che il segmento al di qua della cesura risulti diviso in due sezioni isolate tra loro da un giunto scorrevole ermetico. Sigillando e creando il vuoto all'interno di uno dei due scomparti e lasciando l'altro aperto, avrei ottenuto la rotazione perpetua del cilindro, o almeno così pensavo. Costruii con la massima cura un modellino di legno e, quando applicai la pompa su uno dei due lati e notai in effetti una tendenza al moto rotatorio, fui pervaso dall'entusiasmo. L'unico obiettivo che mi ero prefisso era quello di realizzare il volo meccanico, nonostante fossi scoraggiato dal pessimo ricordo di una caduta occorsami quando mi ero lanciato con un ombrello dal tetto di un edificio. Ogni giorno immaginavo di raggiungere in volo regioni lontane, ma non riuscivo a capire come avrei potuto farlo davvero. Ora avevo qualcosa di concreto – una macchina volante: un albero rotante, ali battenti e l'infinito potere del vuoto! Da quel giorno in poi effettuai le mie quotidiane esplorazioni aeree a bordo di un veicolo così confortevole e lussuoso da risultare adatto persino al re Salomone. Ci vollero anni perché capissi che la pressione dell'aria agiva sulla superficie ad angolo retto e che il lieve movimento rotatorio che avevo constatato era dovuto a una perdita. Il progressivo affiorare di questa consapevolezza mi causò un doloroso trauma.

Avevo appena concluso a fatica gli studi al Reale Ginnasio, quando contrassi una prostrante malattia, o meglio una serie di malattie, e le mie condizioni si fecero così disperate che i dottori mi diedero per spacciato. In quel periodo ebbi l'occasione di leggere senza sosta libri dalla biblioteca pubblica, opere fino a quel momento trascurate che mi venivano affidate per essere classificate e predisposte alla catalogazione. Un giorno, mi furono consegnati dei volumi di recente letteratura, così diversi da tutto quanto avevo letto prima che mi fecero dimenticare le mie disperate condizioni di salute. Erano gli scritti giovanili di Mark Twain e a essi ascrivo il merito del miracoloso recupero che ne seguì. Quando, venticinque anni più tardi, ho incontrato e stretto amicizia con il signor Clemens, gli ho raccontato di quell'esperienza e, con mio grande stupore, ho visto quel grande uomo sempre pronto alla risata scoppiare in lacrime.

Continuai gli studi al Reale Ginnasio superiore di Karlstadt, in Croazia, dove viveva una mia zia. Era una donna distinta, moglie di un anziano colonnello, veterano di molte battaglie. Non potrò mai dimenticare i tre anni vissuti in casa loro. Nemmeno una guarnigione in tempo di guerra sarebbe stata amministrata con disciplina tanto ferrea. Mi davano da mangiare come a un canarino. Tutti i pasti erano di qualità sopraffina e preparati in modo delizioso, ma le porzioni erano carenti al mille per cento. Le fette di prosciutto tagliate da mia zia erano sottili come carta velina. Quando il colonnello metteva qualcosa di sostanzioso nel mio piatto, lei si affrettava a levarlo e gli diceva, al colmo dell'agitazione: «Attento! Niko è molto delicato». Io avevo un appetito vorace, e pativo le pene di Tantalo. Ma vivevo in un'atmosfera raffinata e di buongusto artistico abbastanza inusuale per le condizioni di vita di allora. Quell'area era paludosa e bassa, e in quel periodo le febbri malariche non mi abbandonarono mai, nonostante le enormi quantità di chinino che assumevo. Di tanto in tanto il livello del fiume si alzava spingendo negli edifici orde di topi che divoravano tutto quanto, persino le trecce di paprica piccante. Quei saccheggiatori erano per me un interessante diversivo. Assottigliavo i loro ranghi con ogni mezzo conosciuto, il che mi vinse il titolo di cacciatore di topi della comunità. Quando terminai gli studi, la miseria finì e ottenni il certificato di maturità, che mi mise di fronte a un bivio.

In tutti quegli anni i miei genitori non avevano mai abbandonato l'idea di farmi abbracciare la vita religiosa, pensiero che continuava a riempirmi di terrore. Nel frattempo, avevo approfondito il mio interesse per l'elettricità grazie alla stimolante influenza del mio professore di fisica, un uomo ingegnoso che spesso dimostrava i principi con strumenti di sua invenzione. Tra questi ricordo una specie di bulbo libero di ruotare, avvolto da sottili fogli di alluminio, concepito per girare vorticosamente su sé stesso quando connesso a un generatore elettrostatico. Mi è impossibile rendere l'idea dell'intensità dei sentimenti che provavo quando assistevo alle dimostrazioni di questi misteriosi fenomeni. Ogni impressione generava mille echi nella mia testa. Volevo sapere di più di questa forza meravigliosa; desideravo sperimentare e investigare, così mi consegnai all'inevitabile con il cuore sopraffatto dal dolore.

Proprio quando mi stavo preparando per il

viaggio di ritorno a casa, ricevetti la notizia che mio padre voleva che partecipassi a una battuta di caccia. Era una strana richiesta, visto che da sempre si opponeva strenuamente a quel tipo di attività sportiva. Pochi giorni dopo, però, scoprii che il colera imperversava in quel distretto e, cogliendo l'occasione, decisi di tornare a Gospić, contro il volere dei miei genitori. È incredibile quanto la popolazione fosse inconsapevole delle cause di quella piaga, che visitava il paese a intervalli di quindici, vent'anni. L'idea comune era che gli agenti patogeni si trasmettessero attraverso l'aria, perciò la riempivano di odori pungenti e fumo. Allo stesso tempo, però, bevevano acqua infetta e morivano tra i tormenti. Contrassi il terribile morbo il giorno del mio arrivo e, pur sopravvivendo alla crisi, fui confinato a letto per nove mesi, quasi del tutto incapace di muovermi. La mia energia vitale era pressoché esaurita e per la seconda volta mi trovai in punto di morte. Durante una violenta crisi, che si pensava sarebbe stata l'ultima, mio padre entrò di corsa nella stanza. Ricordo ancora il suo viso pallido, mentre cercava di consolarmi con un tono che smentiva la sua fermezza. «Forse», gli dissi, «starei meglio se mi permettessi di studiare ingegneria.» «Andrai nella migliore università tecnica del mondo», rispose solennemente, e sapevo che parlava sul serio. Sentii un grosso peso sollevarsi dal mio animo, ma il sollievo si sarebbe rivelato troppo tardivo, non fosse stato per uno straordinario medicamento ottenuto dall'amaro decotto di un particolare tipo di fagiolo. Tornai alla vita come un novello Lazzaro, per l'attonito stupore di tutti. Mio padre insistette affinché trascorressi un intero anno dedicandomi a salutari attività fisiche all'aria aperta, proposta che accettai, seppur riluttante. Per gran parte di quel tempo, passeggiai per le montagne, vestito alla cacciatora e carico di libri, e quel contatto con la natura mi corroborò nello spirito e nel corpo. Pensai e progettai, e concepii molte idee, perlopiù illusorie. La visione era abbastanza chiara, ma la mia conoscenza dei principi era molto, molto limitata. Una delle mie invenzioni prevedeva per esempio di spedire lettere e pacchi da una parte all'altra dell'oceano attraverso un tubo sottomarino in capsule sferiche capaci di sopportare la pressione dell'acqua. Immaginai e progettai con cura la pompa che avrebbe spinto il liquido dentro il tubo, ed elaborai tutti i dettagli. Trascurai un unico, piccolo particolare, di scarso interesse: potendo stabilire in modo arbitrario la velocità dell'acqua, mi concessi di immaginarla molto elevata, raggiungendo risultati straordinari, confermati da calcoli esatti. Successive riflessioni relative alla resistenza dei tubi allo scorrere di un fluido mi persuasero a rendere la mia invenzione di dominio pubblico.

Un altro dei miei progetti era quello di costruire intorno all'Equatore un anello libero di fluttuare, la cui rotazione potesse essere arrestata grazie a una forza di segno opposto; il che avrebbe reso possibile viaggiare a velocità nell'ordine dei millecinquecento chilometri orari, cosa impossibile su rotaia. Il lettore sorriderà. Il piano era di difficile attuazione, ammetto, ma comunque non tanto quanto quello di un ben noto professore newyorkese che intendeva pompare l'aria dalle zone torride a quelle temperate, del tutto dimentico del fatto che il Signore aveva già previsto un gigantesco macchinario proprio a questo scopo.

Un altro progetto ancora, ancora più importante e allettante, prevedeva di ricavare potenza dall'energia di rotazione dei corpi terrestri. Avevo infatti scoperto che gli oggetti appoggiati sulla superficie della terra, a causa del movimento di rotazione del globo, sono alternativamente trascinati dallo stesso nella direzione del movimento di traslazione e in quella opposta. Ne risulta un'importante variazione della quantità di moto che potrebbe essere sfruttata nel modo più semplice possibile per fornire forza motrice in qualsiasi regione abitabile del pianeta. Non so trovare le parole giuste per esprimere la mia delusione quando scoprii di trovarmi nel solco tracciato da Archimede che, invano, aveva cercato un punto fermo nell'universo.

Alla fine del mio periodo sabbatico, fui mandato a studiare al Politecnico di Graz, in Stiria, che mio padre aveva scelto in quanto uno dei più antichi e reputati istituti. Era il momento che aspettavo con ansia, così cominciai gli studi sotto i migliori auspici e nella certezza di avere successo. La formazione che avevo ricevuto fino ad allora era sopra la media, grazie sia agli insegnamenti di mio padre sia alle opportunità che mi erano state date. Avevo appreso diverse lingue e navigato attraverso i libri di numerose biblioteche, raccogliendone informazioni più o meno utili. Per la prima volta, finalmente, potevo scegliere le materie a mio piacimento, e il disegno a mano libera avrebbe smesso di darmi il tormento. Mi ero messo in mente di fare una sorpresa ai miei genitori, e per tutto il primo anno lavorai ogni giorno dalle tre del mattino alle undici di sera, domeniche e vacanze comprese. Siccome i miei compagni di corso prendevano le cose sottogamba, fu facile per me battere ogni record. Nel corso di quell'anno, sostenni nove esami e i miei professori erano dell'avviso che meritassi qualcosa in più dei massimi voti. Armato dei loro lusinghieri certificati, tornai a casa per una breve pausa, convinto di essere accolto in trionfo, e fui invece mortificato quando mio padre diede alle fiamme quelle tanto sudate onorificenze. Fu un colpo quasi letale per le mie ambizioni; tempo dopo, quando lui mancò, fui addolorato nel trovare un pacco di lettere mandategli dai miei professori: lo informavano che, se non mi avesse ritirato dall'università, sarei morto per il troppo lavoro. Da allora in poi mi dedicai soprattutto alla fisica, alla meccanica e agli studi di matematica, passando il mio tempo libero nelle biblioteche. Ero posseduto da una vera e propria mania: dovevo finire tutto ciò che iniziavo, cosa che mi mise spesso in difficoltà. Iniziai per esempio la lettura dell'opera di Voltaire, salvo poi scoprire con sgomento che ammontava a un centinaio di grossi volumi stampati in caratteri minuscoli; volumi che quel mostro aveva vergato bevendo settantadue tazze di caffè nero al giorno. Dovevo finire, ma quando chiusi l'ultimo libro ero molto felice, e dissi: «Mai più!».

I risultati del primo anno mi guadagnarono l'apprezzamento e l'amicizia di diversi professori. Tra questi, il professor Rogner, che insegnava aritmetica e geometria; il professor Poeschl, titolare della cattedra di fisica teorica e sperimentale; e il dottor Alle, che insegnava calcolo integrale ed era esperto di equazioni differenziali. Lo scienziato più brillante che abbia mai avuto la fortuna di ascoltare. Alle prese a cuore i miei progressi e spesso si attardava in aula un paio d'ore, proponendomi dei problemi che io mi divertivo a risolvere. Fu a lui che illustrai una macchina volante che avevo concepito, non un'invenzione campata per aria, bensì basata su chiari presupposti scientifici, ora realizzabile grazie alla mia turbina e destinata a essere presto consegnata al mondo. Sia Rogner sia Poeschl erano uomini singolari. Il primo aveva un modo peculiare di esprimersi; ogni volta che lo faceva era una confusa esplosione, seguita da lunghe e imbarazzanti pause. Il professor Poeschl, invece, era un metodico, un vero tedesco. Aveva piedi e mani enormi, come le zampe di un orso, ma svolgeva tutti gli esperimenti in maniera impeccabile, con precisione cronometrica e senza errori.

Durante il mio secondo anni di studi ricevemmo da Parigi una dinamo Gramme con magnete lamellare a forma di ferro di cavallo e un'armatura a filo avvolto dotata di commutatore. La usavamo per dimostrare vari effetti della corrente elettrica. Mentre il professor Poeschl si occupava della dimostrazione facendo funzionare la macchina come un motore, le spazzole producevano rumore e mandavano scintille. Così pensai che, forse, era possibile azionarla anche senza. Poeschl, però, si disse di avviso contrario e mi fece addirittura l'onore di tenere una lezione al riguardo, al termine della quale notò: «Il signor Tesla potrebbe raggiungere importanti traguardi, ma non succederà. Sarebbe come voler convertire una forza attrattiva costante, per esempio la gravità, in una spinta rotatoria. È il principio base del moto perpetuo, un'idea impossibile da realizzare». Ma l'istinto è qualcosa che trascende la conoscenza. Senza dubbio, possediamo fibre più sottili che ci permettono di intuire la verità quando le norme della deduzione logica o qualsiasi altro ostinato sforzo del cervello si rivela inutile. Dapprima vacillai, impressionato dall'autorevolezza del professore; presto, però, mi convinsi di avere ragione e mi misi al lavoro, con l'ardore e l'incoscienza tipici della giovinezza.

Cominciai a immaginare una macchina a corrente continua, facendola funzionare e seguendo il cambiamento del flusso della corrente elettrica nell'armatura. Poi mi figurai nella mente un alternatore e, nello stesso modo, seguii passo dopo passo il processo. Quindi passai a visualizzare vari dispositivi – motori e generatori – e a metterli in azione in vari modi. Le immagini che vedevo erano per me perfettamente reali e concrete. Impiegai il resto del tempo che trascorsi a Graz in intensi quanto inutili sforzi di questo genere, concludendo infine che il problema era irrisolvibile. Nel 1880 mi trasferii a Praga, in Boemia, esaudendo il desiderio di mio padre di completarvi la mia formazione universitaria. Fu in quella città che realizzai un importante passo in avanti: separai il commutatore dalla macchina e studiai il fenomeno da una nuova prospettiva, ma senza risultati.

L'anno seguente, la mia visione della vita cambiò radicalmente. Realizzai infatti che i miei genitori si erano sobbarcati fin troppi sacrifici per me, e decisi di sollevarli di quel peso. L'onda del telefono americano aveva appena raggiunto l'Europa e il sistema stava per essere installato a Budapest, in Ungheria. Sembrava un'opportunità ideale, anche e soprattutto perché un amico di famiglia era a capo del progetto. Fu allora che ebbi l'esaurimento nervoso cui ho già accennato. Quello che patii durante quel periodo di malattia supera ogni immaginazione.

Ho sempre avuto vista e udito straordinari, ed ero in grado di vedere oggetti a grande distanza, laddove altri non scorgevano nulla. Più volte, durante la mia giovinezza, ho salvato le case dei nostri vicini dagli incendi avvertendo lo scoppiettio del fuoco, troppo debole per disturbare il loro sonno, e invocando aiuto. Nel 1899, quando avevo ormai passato i quarant'anni e svolgevo i miei esperimenti in Colorado, ero in grado di sentire distintamente il rumore del tuono a quasi novecento chilometri di distanza. Il limite dell'udibile dei miei giovani assistenti non superava i duecento chilometri, come a dire che il mio orecchio era tredici volte più sensibile della media. Eppure, a quell'epoca ero, come si suol dire, sordo come una campana a confronto con l'acutezza del mio udito durante l'esaurimento nervoso.

A Budapest, ero in grado di avvertire il ticchettio di un orologio a tre stanze dalla mia. Se una mosca si posava sul tavolo sentivo un tonfo profondo nell'orecchio. Un carro che passava a qualche chilometro di distanza mi provocava forti brividi. Il fischio di una locomotiva distante trenta o quaranta chilometri faceva vibrare la panca o la sedia su cui mi trovavo così intensamente che il dolore era insopportabile. Il terreno sotto i miei piedi tremava senza sosta. Per riposare dovetti posizionare il letto su cuscinetti di gomma. Il frastuono che mi investiva da vicino o da lontano prendeva la forma di parole urlate, che mi avrebbero spaventato se non fossi stato in grado di scomporle nei diversi elementi che le costituivano. I raggi del sole, che intercettavo di tanto in tanto, mi colpivano il cervello con forza tale da stordirmi. Dovevo raccogliere tutte le forze per passare sotto un ponte o altra struttura, perché avvertivo una forte pressione sul cranio. Al buio, avevo sensi acuti come quelli di un pipistrello e potevo avvertire la presenza di un oggetto a quattro metri di distanza grazie a una strana sensazione sulla fronte. Il battito cardiaco potevano salire fino a duecentosessanta pulsazioni al minuto e tutti i tessuti del corpo erano scossi da tremori e contrazioni quasi impossibili da sopportare. Un famoso medico che mi somministrava abbondanti dosi quotidiane di bromuro di potassio dichiarò la mia malattia unica e incurabile.

Rimpiangerò per sempre il fatto che all'epoca non fossi sotto osservazioni di esperti fisiologi e psicologi. Mi aggrappai disperatamente alla vita, ma non avevo speranza di rimettermi. Chi avrebbe mai potuto credere che un tale relitto umano si sarebbe trasformato in un uomo di straordinaria forza fisica e tenacia, capace di lavorare ininterrottamente per trentotto anni, senza neanche un giorno di vacanza, e scoprirsi ancora forte e fresco nel corpo e nello spirito? Eccomi! L'irrefrenabile desiderio di vivere e ritornare al lavoro, con l'assistenza di un amico devoto e valido atleta, compirono il miracolo. Ritrovai la salute e, con essa, il vigore della mente. Ritornando al problema, quasi rimpiansi che l'impresa fosse sul punto di concludersi. Avevo così tanta energia. Quando mi rimisi al lavoro, non lo feci con la risoluzione che spesso caratterizza gli uomini comuni. Per me fu come un voto, una questione di vita o di morte. Sapevo che, se avessi fallito, sarei morto. Ma ero consapevole, ormai, di aver vinto la battaglia. La soluzione riposava nei recessi del mio cervello, anche se non ero ancora in grado di darle compiuta espressione. Un pomeriggio, che ancora ricordo come se fosse ieri, mi stavo godendo una passeggiata con un amico nel parco della città recitando versi. All'epoca, ricordavo interi libri a memoria, parola per parola. Uno di questi era il *Faust* di Goethe. Il sole al tramonto mi riportò alla mente il celebre passo:

Sie rückt und weicht, der Tag ist überlebt,
Dort eilt sie hin und fördert neues Leben.
Oh! daß kein Flügel mich vom Boden hebt,
Ihr nach und immer nach zu streben!
Ein schöner Traum, indessen sie entweicht!
Ach, zu des Geistes Flügeln wird so leicht
Kein körperlicher Flügel sich gesellen.

«Il giorno sta morendo; il sole se ne va
e si affretta laggiù, a destare nuova vita.
Ah, nessuna ala mi solleva dal suolo,
perché possa protendermi per sempre
[ad inseguirlo!
Un bel sogno, ma intanto il sole si dilegua.
Difficilmente, ah! le ali della mente
possono dare ali al nostro corpo.»[1]

Non appena pronunciai quelle suggestive parole, l'idea mi investì come un lampo di luce e in un attimo la verità mi fu rivelata. Con un bastoncino, tracciai sulla sabbia gli schemi che, sei

[1] Goethe, *Faust* I, 1072-1075 e 1089-1091 (tr. it. di Andrea Casalegno, Garzanti, Milano 2004).

anni più tardi, avrei spiegato durante il mio intervento all'American Institute of Electrical Engineers, e il mio compagno li comprese perfettamente. Le immagini che vidi erano nitide e chiare, avevano la solidità del metallo e della pietra, a tal punto che dissi: «Guarda il mio motore; sta' a vedere come lo inverto». Non so descrivere la mia emozione. Nemmeno Pigmalione, quando vide la sua statua prendere vita, provò una sensazione così intensa. Avrei dato centinaia di segreti della natura nei quali sarei potuto inciampare per caso in cambio di quello che le avevo estorto contro ogni previsione a rischio della mia stessa vita.

4.
LA SCOPERTA DELLA BOBINA DI TESLA E DEL TRASFORMATORE

Per qualche tempo, mi sono dato interamente all'intenso piacere di immaginare macchine e inventare nuovi modelli. Era uno stato mentale di appagamento quasi totale, come mai ne ho provati in vita mia. Il flusso delle idee era costante e l'unica difficoltà era quella di afferrarle. I componenti che immaginavo erano per me perfettamente reali e concreti anche nei più minuti dettagli e segni di usura. In particolare, mi divertivo a immaginare i motori in funzione, perché in quel modo presentavano alla mente uno spettacolo ancor più affascinante.

Quando l'inclinazione naturale si trasforma in desiderio appassionato, i progressi verso il traguardo sono rapidissimi. In meno di due mesi sviluppai virtualmente tutte le modifiche ai motori dei vari sistemi che oggi portano il mio nome. Fu forse provvidenziale che le necessità della vita imponessero una temporanea battuta d'arresto a quel costante lavorio mentale. Giunsi a Budapest spinto da una precipitosa relazione sulla compagnia dei telefoni e, ironia della sorte, dovetti accettare un impiego come progettista proprio all'ufficio telegrafico centrale del governo ungherese, a fronte di un salario che considero un mio diritto non rivelare. Per fortuna, mi guadagnai ben presto l'attenzione dell'ispettore capo e fui poi destinato all'ufficio calcoli, progetti e stime sulle nuove installazioni. Quando poi fu avviato il servizio telefonico, mantenni le stesse mansioni. Le conoscenze teoriche e pratiche che acquisii in quel periodo furono molto importanti ed ebbi anche l'occasione di mettere a frutto le mie abilità inventive. Apportai numerose migliorie all'impianto della stazione centrale e perfezionai un ripetitore/amplificatore telefonico che non fu mai brevettato o descritto pubblicamente, ma che ancora oggi potrebbe senz'altro essermi attribuito. Come riconoscimento per la mia efficiente assistenza, il direttore dei lavori, il signor Puskas, nel lasciare il suo posto di lavoro a Budapest mi offrì di seguirlo a Parigi, proposta che accettai con gioia.

Non potrò mai dimenticare l'effetto che quella magica città ebbe sul mio spirito.

Per diversi giorni, dopo il mio arrivo, vagai per le strade in preda allo sbigottimento della novità. Le attrazioni erano numerose e irresistibili, ragion per cui – ahimè – spendevo il mio stipendio non appena lo ricevevo. Quando il signor Puskas mi chiese come mi trovassi nel nuovo ambiente, riassunsi la situazione con la massima accuratezza: «Gli ultimi ventinove giorni del mese sono i più duri!». Conducevo una vita assai faticosa in quello che oggi verrebbe definito stile rooseveltiano. Ogni mattina, incurante del tempo, mi recavo da boulevard Saint-Marcel, dove risiedevo, fino a uno stabilimento balneare lungo la Senna, mi tuffavo nell'acqua e percorrevo ventisette giri del circuito; di qui camminavo un'ora per raggiungere Ivry, dove si trovava la sede dell'azienda. Lì consumavo una colazione da taglialegna alle sette e mezzo e poi attendevo con ansia l'ora di pranzo, occupandomi di questioni spinose per conto del signor Charles Batchellor, direttore dei lavori, che era intimo amico e assistente di Edison. In quel periodo fui messo in contatto con alcuni cittadini americani, che mi presero subito a benvolere per la mia padronanza del... biliardo! Spiegai loro la mia invenzione e uno di quegli uomini, il signor D. Cunningham, caporeparto del settore meccanico, mi propose di fondare una società per azioni, cosa che mi sembrò estremamente spassosa. Non avevo la benché minima idea di che cosa questo significasse, se non che era la maniera americana di fare le cose. In ogni caso non se ne fece nulla, e passai i mesi successivi a viaggiare in diverse località della Francia e della Germania per risolvere i problemi delle centrali elettriche. Rientrato a Parigi, proposi a uno degli amministratori della società, il signor Rau, un piano per migliorare i generatori, e mi fu data una chance. Fu un successo e i direttori, entusiasti, mi concessero il privilegio di sviluppare i tanto ambiti regolatori automatici. Poco dopo sorsero dei problemi con l'impianto di illuminazione che era stato installato nella nuova stazione ferroviaria di Strasburgo, in Alsazia. Il cablaggio era difettoso e in occasione della cerimonia d'apertura, tra l'altro alla presenza dell'ormai anziano imperatore Guglielmo I, una grossa porzione di muro fu distrutta da un'esplosione a causa di un cortocircuito. Il governo tedesco rifiutò l'acquisto dell'impianto e la società francese andò incontro a una seria perdita. Siccome conoscevo la lingua tedesca, fui incaricato del difficile compito di sistemare la faccenda e, all'inizio del 1883, partii in missione alla volta di Strasburgo.

Nascita del primo motore a induzione

Alcuni degli eventi accaduti in quella città lasciarono un'impronta indelebile nella mia memoria. Per curiosa coincidenza, molti uomini destinati a grande fama, a quel tempo, vivevano proprio lì.

Più tardi avrei spesso ripetuto: «C'erano i batteri della grandezza in quella vecchia città. Altri contrassero la malattia, io scappai in tempo!». Il lavoro pratico, la corrispondenza e le riunioni con i funzionari mi tenevano impegnato notte e giorno, ma appena potevo mi dedicavo alla costruzione di un semplice motore in una piccola officina meccanica proprio di fronte alla stazione ferroviaria – avevo infatti portato con me da Parigi del materiale utile allo scopo. La realizzazione dell'esperimento, tuttavia, fu rimandata fino all'estate di quell'anno, quando ebbi infine la soddisfazione di osservare una *rotazione per effetto della corrente alternata di fasi differenti, senza contatti striscianti né commutatore*, come avevo previsto un anno prima.

Fu un'enorme soddisfazione, tuttavia non comparabile al delirio di gioia seguito alla prima rivelazione.

Tra i miei nuovi amici c'era l'ex sindaco della città, signor Bauzin, che avevo già incontrato e in parte conosciuto grazie a quella e ad altre invenzioni, e il cui appoggio cercavo sempre di procurarmi. Mi era sinceramente amico e propose il mio progetto a molti ricchi investitori, senza ottenere, con mia delusione, alcuna risposta.

Voleva aiutarmi in ogni modo possibile e l'approssimarsi, oggi, del 1° luglio 1919 mi ricorda di una particolare forma di "assistenza" che ricevetti da quell'uomo adorabile, assistenza non finanziaria ma non per questo meno apprezzata. Nel 1870, quando i tedeschi avevano invaso il paese, il signor Bauzin aveva seppellito una discreta quantità di Saint-Estèphe del 1801 e giunse alla conclusione di non conoscere persona più degna di me di beneficiare di quel prezioso nettare. Questo, devo dire, è uno degli straordinari eventi cui alludevo sopra. Il mio amico mi esortò a ritornare a Parigi prima possibile e a cercare appoggio laggiù. Anch'io non vedevo l'ora di farlo, ma il lavoro e le trattative si dilungavano per ogni minimo inciampo che incontravo al punto che, a volte, la situazione mi appariva disperata.

Per dare un'idea della scrupolosità e dell'"efficienza" tedesca, racconterò un fatto piuttosto divertente. Si doveva installare una lampadina a incandescenza da 16 candele in un corridoio e, dopo aver individuato il posto più adatto, diedi ordine al *monteur* di predisporre il cablaggio. Dopo qualche ora di lavoro, costui decise che era necessario consultare l'ingegnere, e così fu fatto. Quest'ultimo fece diverse obiezioni e concluse che la lampadina doveva essere piazzata a cinque centimetri dal punto che avevo stabilito io. I lavori ripresero. L'ingegnere cominciò a preoccuparsi e decise che doveva essere avvertito anche l'ispettore Averdeck. Quell'autorevole personaggio fu chiamato, fece un sopralluogo, discusse con noi e infine decise che la lampadina doveva essere arretrata di cinque centimetri, ossia esattamente nel punto che io avevo segnato. Non passò molto tempo che anche l'ispettore Averdeck ebbe un ripensamento e mi avvertì di aver informato del problema anche l'Ober-Inspector Hieronimus e che avrei dovuto attendere la sua decisione. Ci volle qualche giorno prima che l'Ober-Inspector riuscisse a liberarsi di altri urgenti impegni; alla fine, si presentò e ne nacque una disputa di due ore al termine della quale decise di rispostare la lampadina cinque centimetri avanti. La mia speranza che quello fosse l'ultimo atto fu però tradita quando l'Ober-Inspector venne da me e mi disse: «Il Regierungsrath Funke è un uomo talmente meticoloso che non oserei mai dare l'ordine di piazzare una lampadina senza il suo consenso». Prendemmo quindi accordi per programmare una visita di tanto illustre personaggio. La mattina dopo cominciammo a lustrare e a lucidare ogni cosa. Tutti si diedero una ripulita, io indossai i guanti e quando Funke si presentò, fu cerimoniosamente accolto. Dopo due ore di discussione, all'improvviso esclamò: «Devo andare!», e indicando con un dito un punto sul soffitto mi disse di posizionare lì la lampadina. Era il punto esatto che avevo stabilito all'inizio.

Le giornate si susseguivano più o meno uguali, ma io ero determinato ad avere successo a ogni costo, e alla fine i miei sforzi furono ripagati. Ora della primavera del 1884 le divergenze furono appianate, l'impianto formalmente accettato, e io potei fare ritorno a Parigi con piacevoli aspettative. Uno degli amministratori mi aveva promesso una generosa ricompensa se avessi avuto successo, come anche un congruo compenso per le migliorie apportate ai generatori, così speravo di realizzare una discreta somma. C'erano tre amministratori cui mi riferirò per convenienza con gli pseudonimi A, B e C. Quando chiamai A, *lui* mi disse che era B ad avere l'ultima parola. Quel gentiluomo mi disse che solo C poteva prendere la decisione e quest'ultimo si diceva convinto che solo A avesse la delega di agire. Dopo diversi giri di questo *circulus vitiosus*, mi divenne chiaro che la mia ricompensa era un "castello in Spagna". Il totale fallimento del mio tentativo di racimolare il capitale necessario allo sviluppo del mio progetto fu una cocente delusione e quando il signor Batchellor mi propose di partire per l'America con l'idea di ridisegnare le macchine di Edison, mi convinsi a tentare la sorte nella terra delle opportunità. Ma per poco non mancai quell'occasione.

Liquidai i pochi beni che possedevo, mi accordai per un alloggio e giunsi al binario proprio nel momento in cui il treno stava per lasciare la stazione. In quel momento mi resi conto che soldi e biglietti erano scomparsi. La questione era decidere che cosa fare. Ercole ebbe un sacco di tempo per riflettere, io invece dovetti prendere una decisione mentre correvo per salire sul treno con pensieri di segno opposto che mi attraversavano la mente come le oscillazioni di un condensatore. La risolutezza, aiutata dalla mia abilità, ebbe la meglio e dopo essere passato attraverso le consuete lungaggini, prosaiche quanto spiacevoli, riuscii a imbarcarmi per New York con quello che rimaneva dei miei averi – qualche poesia e articoli che avevo scritto e un plico di calcoli relativi alla soluzione di un integrale irrisolvibile e alla mia macchina volante. Durante il viaggio stetti per quasi tutto il tempo seduto a poppa della nave, attento a cogliere l'opportunità di salvare qualcuno da una tomba d'acqua, senza la minima cognizione del pericolo. Più tardi, quando avevo ormai assorbito un po' di senso pratico a stelle e strisce, provai un brivido a quel ricordo e sincera meraviglia al cospetto della mia passata sconsideratezza.

Tesla in America

Vorrei davvero trovare le parole per descrivere le mie prime impressioni di questo paese. Nelle fiabe arabe si legge di come i *jinn* trasportassero le persone nella terra dei sogni, dove vivevano inebrianti avventure. Il mio caso è stato l'esatto opposto. I *jinn* mi condussero dalla terra dei sogni a una terra fatta di realtà. Quello che lasciai era splendido, artistico e affascinante in ogni modo possibile; quello che trovai era meccanico, rozzo e poco attraente.

Un poliziotto tarchiato stava roteando il suo bastone quando levò il suo sguardo su di me, alto e grosso come un tronco d'albero. Mi avvicinai educatamente per chiedergli indicazioni. «Più giù di sei isolati, poi svolti a sinistra», mi rispose, con la voglia di uccidere negli occhi. "È davvero questa l'America?" mi chiesi io, dolorosamente sorpreso. "A livello di civilizzazione è indietro un secolo rispetto all'Europa." Ma quando, nel 1889, lasciai il paese – erano passati cinque anni dal mio arrivo – mi convinsi *che era più di cento anni AVANTI rispetto all'Europa*, e niente è accaduto da allora che mi abbia fatto cambiare idea.

L'incontro con Edison

L'incontro con Edison fu un evento memorabile della mia vita. Ero stupito al cospetto di quest'uomo che, senza alcuna educazione formale, era riuscito a raggiungere così importanti traguardi. Io parlavo dieci lingue, avevo studiato la letteratura e l'arte, speso i miei anni migliori nelle biblioteche, leggendo qualsiasi cosa mi passasse sottomano, dai *Principia* di Newton ai romanzi di Paul de Kock, e mi sentivo come se la maggior parte della mia vita fosse andata sprecata. Ma non ci volle molto perché mi accorgessi che era invece la cosa migliore che avessi potuto fare. In poche settimane mi guadagnai la fiducia di Edison e le cose andarono in questa maniera.

La SS *Oregon*, il piroscafo più veloce dell'epoca, aveva entrambi gli impianti di illuminazione fuori uso e ne fu per questo ritardata la partenza. Siccome la sovrastruttura era stata completata dopo l'installazione dell'impianto, non era possibile rimuoverlo completamente dalla stiva. La situazione era piuttosto seria e Edison era molto irritato. La sera, presi con me gli strumenti necessari e salii a bordo della nave, dove rimasi per la notte. Le dinamo erano in pessime condizioni, a causa di diversi cortocircuiti e interruzioni, ma grazie alla collaborazione dell'equipaggio riuscii a rimetterle in buono stato. Alle cinque della mattina, mentre percorrevo la Fifth Avenue diretto verso il mio laboratorio, incontrai Edison, Batchellor e alcuni altri che tornavano a casa. «Ecco il nostro parigino che se ne va a spasso di notte», disse lui. Una volta spiegatogli che stavo tornando dalla *Oregon* e che avevo riparato entrambi gli impianti, mi fissò in silenzio, poi si allontanò senza dire altro. Quando fu a una certa distanza lo sentii dire: «Batchellor, quell'uomo è dannatamente in gamba». Da quel momento ebbi totale libertà nel dirigere i lavori. Per circa un anno, il mio orario di lavoro fu dalle dieci e mezzo del mattino fino alle cinque del mattino dopo, senza saltare un giorno. Edison mi disse: «Ho avuto molti assistenti che lavoravano duro, ma tu meriti il primo premio». In quel periodo, progettai ventiquattro diversi tipi di macchine standard con nuclei corti e struttura uniforme, che andarono a sostituire le precedenti. Il direttore mi aveva promesso cinquantamila dollari quand'avessi terminato l'incarico, ma si rivelò uno scherzo. Per me fu un grosso shock e decisi di dare le dimissioni.

Subito dopo, un gruppo di investitori mi propose di fondare un'azienda di lampade ad arco a mio nome, e io accettai. Ecco finalmente un'opportunità di sviluppare il mio motore! Ma quando affrontai l'argomento con i nuovi soci, mi sentii dire: «No, vogliamo la lampada ad arco. Non ci interessa niente della sua corrente alternata». Nel 1886 avevo perfezionato il mio sistema di lampade ad arco elettrico, che fu omologato per l'illuminazione industriale e municipale; ero libero, ma non avevo altro che un certificato azionario splendidamente stampato, ma di incerto valore. Seguì un periodo di difficoltà dovuto al nuovo ambiente cui non mi sentivo adatto, ma la ricompensa arrivò nell'aprile 1887: la Tesla Electric Company fu fondata, con tanto di laboratorio e annessi. I motori che vi costruii erano esattamente come li avevo immaginati. Non tentai in alcun modo di migliorare il progetto, ma mi limitati a riprodurre il disegno che mi si era palesato in visione e il loro funzionamento era sempre quello che mi aspettavo.

All'inizio del 1888 firmai un accordo con la Westinghouse Company per la produzione di motori su larga scala. Ma nuove difficoltà erano in agguato. Il mio sistema si basava sull'uso di corrente a bassa frequenza, mentre gli esperti della Westinghouse avevano deciso di adottare una frequenza di 133 hertz, con l'obiettivo di assicurare vantaggi nel processo di trasformazione. Non volevano allontanarsi dagli standard dei loro macchinari, quindi dovetti sforzarmi di adattare il mio motore a queste condizioni di funzionamento. Dovevo inoltre concepire un motore capace di funzionare in modo efficiente a quella frequenza su due fasi, compito per nulla semplice.

Alla fine del 1889, visto che a Pittsburgh i miei servigi non erano più richiesti, feci ritorno a New York e ripresi i miei esperimenti nel laboratorio di Grand Street, dove iniziai subito a progettare macchine ad alta frequenza. I problemi di costruzione in questo campo inesplorato erano molto specifici e incontrai grandi difficoltà. Scartai il tipo a induzione, nel timore che non producesse onde sinusoidali perfette, cruciali nella risonanza. Non fosse stato per questo, probabilmente mi sarei risparmiato una gran quantità di fatica. Un'altra scoraggiante caratteristica dell'alternatore ad alta frequenza sembrava essere l'incostanza della velocità che ne metteva a repentaglio l'affidabilità.

Avevo già chiarito nelle mie dimostrazioni di fronte all'American Institute of Electrical Engineers che la macchina aveva spesso problemi di sintonizzazione e che doveva essere ritarata; inoltre non riuscivo a immaginare – cosa che realizzai molto tempo dopo – come farla funzionare a velocità costante, in modo da non subire variazioni superiori a una piccola frazione di giro tra i due estremi di carico.

La bobina di Tesla

Vi erano numerose indicazioni che sembravano consigliare l'invenzione di uno strumento più semplice per produrre le oscillazioni elettriche. Nel 1856, Lord Kelvin aveva esposto la teoria della scarica del condensatore, ma quell'importante principio non aveva fino ad allora trovato alcuna applicazione pratica. Io ne intuii le potenzialità e avviai lo sviluppo di un dispositivo a induzione basato su questo principio. I miei progressi furono così rapidi che nel 1891 riuscii a presentare durante una lezione dimostrativa una bobina che produceva scintille di *dieci centimetri.* In quell'occasione confessai agli ingegneri un difetto del nuovo processo di trasformazione, vale a dire le perdite nello spinterometro. Le indagini successive mostrarono che, a prescindere dal fluido utilizzato – aria, idrogeno, vapori di mercurio, olio o un fascio di elettroni – l'efficienza restava la stessa. È un principio simile a quello che governa la trasformazione dell'energia meccanica: che si lasci cadere in verticale un peso da una certa altezza, o che esso percorra una qualsiasi traiettoria alternativa, è irrilevante in termini di quantità di lavoro. Per fortuna, però, questo difetto non è fatale, perché, con una corretta regolazione dei circuiti risonanti, si può raggiungere *un'efficienza dell'ottantacinque per cento.* Dopo essere stata presentata, la mia invenzione fu adottata pressoché ovunque, rivoluzionando diversi settori. Ma un ancor più prospero futuro l'attendeva.

Quando, nel 1900, riuscii a ottenere scariche di oltre trenta metri e avvolsi l'intero globo nella corrente, mi ricordai della prima minuscola scintilla che avevo osservato nel laboratorio di Grand Street e fui percorso da sensazioni simili a quelle che avevo provato alla scoperta del *campo magnetico rotante.*

5.

IL TRASMETTITORE DI AMPLIFICAZIONE

Mentre ripenso agli eventi della mia vita passata, mi rendo conto di quanto impercettibili siano le influenze che danno forma al destino. Eccone un esempio, tratto dalla mia giovinezza.

In una giornata d'inverno, ero salito in cima a una ripida altura insieme ad altri ragazzi. La neve era abbastanza alta e da sud spirava una tiepida brezza perfetta per il nostro scopo. Facevamo a gara a tirare palle di neve giù dal pendio alla massima distanza possibile. Presto, vedemmo una palla crescere fino a diventare grande come una casa e rotolare rombando nella vallata sottostante con forza tale da far tremare la terra. Io restai incantato, incapace di spiegarmi che cosa fosse successo. L'immagine della valanga mi rimase impressa negli occhi per settimane, e continuavo a chiedermi in che modo da una cosa così piccola potesse nascerne una così immensa. Da allora, subii il fascino di come una minuscola azione potesse amplificarsi, e quando, anni dopo, mi impegnai nello studio sperimentale della risonanza meccanica ed elettrica, fui molto coinvolto sin dal primissimo momento. Probabilmente, se non fosse stato per quell'intenso ricordo, non avrei dato seguito alla piccola scintilla che ottenni con la mia bobina e non avrei sviluppato la mia migliore invenzione, la cui vera storia racconterò ora per la prima volta.

Rottamare i motori del mondo

I personaggi del bel mondo mi chiedono spesso quale sia l'invenzione cui sono più affezionato. Dipende dal punto di vista.

Alcune persone di formazione tecnica, anche molto esperte nel loro specifico settore, ma dominate da uno spirito pedantesco e miope, hanno asserito che, fatta eccezione per il motore a induzione, il mio contributo pratico al mondo è stato piuttosto modesto. Atroce mistificazione. Un'idea nuova non deve essere giudicata in base ai suoi risultati nell'immediato. Il mio sistema di trasmissione a corrente alternata nacque in un determinato momento della storia del pensiero, in risposta alla pressante richiesta dell'industria e, anche se dovetti superare non poche resistenze e, come sempre, conciliare esigenze diverse, la sua applicazione commerciale non poté essere posposta a lungo.

Ora, si provi a confrontare queste condizioni con quelle che accolsero la mia turbina, per esempio. Si potrebbe pensare che un'invenzione tanto semplice nella sua straordinarietà, per molti tratti un motore ideale, avrebbe dovuto essere accolta subito, in modo non dissimile da quanto accadde con la corrente alternata. Ma le potenzialità del campo magnetico rotante non erano tali da rendere obsolete le macchine prodotte fino ad allora; al contrario, avrebbe conferito loro maggior valore. Il sistema si prestava sia a equipaggiare nuove imprese sia al miglioramento di quelle già esistenti. La mia turbina è un progresso di carattere totalmente differente. È un cambiamento radicale, nel senso che la sua affermazione implicherebbe l'abbandono di motori antiquati, che hanno richiesto investimenti di miliardi di dollari. In simili circostanze, il progresso deve essere lento e l'ostacolo più grande è forse rappresentato dal pregiudizio degli esperti, plagiati da un'opposizione organizzata.

Solo ieri ho avuto un'avvilente esperienza quando ho incontrato un mio amico ed ex assistente, Charles F. Scott, ora professore di ingegneria elettrica a Yale. Non lo vedevo da tempo, ed ero felice di avere l'occasione di scambiare quattro chiacchiere nel mio ufficio. La nostra conversazione si è naturalmente spostata sulla mia turbina e, ben presto, mi sono oltremodo infervorato. «Scott!» ho esclamato, lasciandomi trasportare dalla visione di un grandioso futuro, «la mia turbina sostituirà tutti i motori termici del mondo.» Scott si lisciò il mento e distolse lo sguardo pensieroso, come se stesse eseguendo un calcolo a mente. «E farà un bel mucchio di rottami», rispose, e se ne andò senza proferire parola!

Queste invenzioni altro non erano che passi avanti in una direzione precisa. Sviluppandole, assecondavo l'istinto naturale a migliorare le apparecchiature disponibili, senza preoccuparmi di necessità più stringenti.

Il trasmettitore di amplificazione, invece, è stato il prodotto di anni di lavoro, finalizzato alla risoluzione di problemi infinitamente più rilevanti per l'umanità del semplice progresso industriale.

Se la memoria non mi inganna, nel novembre 1890 svolsi un esperimento di laboratorio tra i più spettacolari e straordinari mai registrati nella storia della scienza.

Nell'indagare il comportamento della corrente ad alta frequenza, mi ero convinto che in una stanza potesse essere prodotto un campo elettrico di intensità sufficiente a illuminare una valvola termoionica senza elettrodi. Di conseguenza, costruii un trasformatore per testare la correttezza dell'ipotesi e il primo esperimento si rivelò un assoluto successo. È difficile comprendere che cosa significassero, allora, quegli strani fenomeni. Eravamo alla bramosa ricerca di nuove emozioni, ma diventavamo presto indifferenti a esse. Le meraviglie di ieri, sono oggi eventi comuni.

Quando le mie valvole termoioniche furono per la prima volta presentate al pubblico, la meraviglia fu indescrivibile. Ricevetti da ogni parte del mondo inviti, onorificenze e altri lusinghieri incentivi, ma li declinai.

Nel 1892 le richieste si erano fatte talmente pressanti che mi recai a Londra per tenere una lezione di fronte all'Institute of Electrical Engineers. Era mia intenzione ripartire subito alla volta di Parigi, per un analogo impegno, ma Sir James Dewar insistette perché facessi un'apparizione alla Royal Institution. Ero un uomo risoluto, ma fui facilmente preda delle ferme argomentazioni di quell'illustre scozzese. Mi spinse su una sedia e mi versò mezzo bicchiere di un meraviglioso liquido brunastro che scintillava di mille colori e aveva il gusto di nettare. «Ora», disse, «sei seduto sulla sedia di Faraday e stai bevendo il suo whiskey preferito.» Era un'esperienza decisamente invidiabile da entrambi i punti di vista. La sera seguente, tenni un esperimento di fronte alla Royal Institution, al termine del quale Lord Rayleigh rivolse al pubblico un generoso discorso che diede il primo impulso alle mie successive imprese. Scappai via da Londra, e più tardi anche da Parigi, per sfuggire alla marea montante delle attenzioni che mi venivano riservate e tornai a casa, dove affrontai una dolorosa malattia. Una volta rimessomi in forze, programmai di riprendere il lavoro negli Stati Uniti. Fino a quel momento non avevo mai realizzato di possedere alcuna particolare predisposizione alla scoperta, ma visto che Lord Rayleigh, a mio parere lo scienziato ideale, era di quell'avviso, sentivo di dovermi concentrare su qualche grande idea.

Un giorno, mentre ero a passeggio sulle montagne, dovetti cercare riparo da un acquazzone. Il cielo si riempì di spesse nubi, ma la pioggia tardò a cadere fino a quando, all'improvviso, ci fu un lampo e, subito dopo, cominciò il diluvio. Quest'osservazione mi diede da pensare. Era evidente che i due fenomeni fossero strettamente correlati, come causa ed effetto, e una breve riflessione mi guidò alla conclusione che l'energia elettrica coinvolta nella caduta della pioggia fosse irrilevante, e che la funzione del lampo fosse piuttosto quella di un detonatore sensibile. Ecco una straordinaria occasione di raggiungere un importante risultato. Se fossimo in grado di produrre effetti elettrici con determinate caratteristiche, l'intero pianeta e la nostra condizione di vita su di esso sarebbero stravolti. Il sole fa evaporare l'acqua degli oceani e il vento la trasporta in terre lontane, dove resta sospesa in uno stato di equilibrio assai delicato. Se avessimo i mezzi di intervenire su di esso dove e quando desideriamo, potremmo controllare questo poderoso flusso vitale. Potremmo irrigare aridi deserti, creare laghi e fiumi, fornire forza motrice illimitata. Sarebbe il modo più efficiente di piegare il sole alle necessità dell'uomo. Il consumo dipenderebbe solo dalla nostra capacità di sviluppare energia elettrica in misura comparabile a quella esistente in natura.

A lungo mi era sembrata un'impresa impossibile, ma quella volta decisi di provarci e subito dopo il mio ritorno negli Stati Uniti, nell'estate del 1892, cominciai l'impresa per me più affascinante, perché mi avrebbe inoltre permesso di individuare un mezzo per trasmettere l'energia elettrica attraverso l'aria.

Quattro milioni di volt

Tagliai il primo gratificante traguardo nella primavera dell'anno seguente, quando, grazie alla mia bobina conica, raggiunsi una tensione di un milione di volt. Alla luce dei risultati raggiunti oggi, potrebbe non sembrare molto, ma allora era una conquista. I progressi furono costanti fino all'incendio che distrusse il mio laboratorio nel 1895, come dimostra un articolo di T.C. Martin pubblicato sul numero di aprile di «Century Magazine». Quell'incidente segnò una brusca inversione di marcia, e il resto dell'anno fui impegnato nel pianificare la ricostruzione. A ogni modo, non appena le circostanze lo permisero, mi rimisi al lavoro.

Pur sapendo di poter raggiungere forze elettromotrici più elevate con macchine di maggiori dimensioni, ebbi l'istintiva sensazione che lo stesso obiettivo sarebbe stato alla mia portata se avessi disegnato un trasformatore più compatto e relativamente piccolo.

Conducendo i test su un *circuito secondario a spirale piatta*, come illustrato dai miei brevetti, fui sorpreso dall'assenza di scariche; non ci volle molto perché scoprissi che ciò era dovuto alla posizione delle due spire e alla loro azione reciproca. Quest'osservazione mi indusse a ripristinare un conduttore ad alta tensione con spire di diametro considerevole, abbastanza distanti da mantenere bassa la capacità distribuita e, allo stesso tempo, da impedire l'eccessivo accumulo di carica in qualsiasi punto. Questi accorgimenti mi permisero di raggiungere una tensione di quattro milioni di volt – misura limite nel mio nuovo laboratorio di Houston Street, visto che le scariche raggiungevano i cinque metri di lunghezza. Una fotografia di questo trasmettitore fu pubblicata su «Electrical Review» nel novembre 1898.

Per progredire ancora, dovetti optare per esperimenti all'aperto e, nella primavera del 1899, dopo aver completato i preparativi per la costruzione di un impianto senza fili, mi trasferii in Colorado, dove rimasi per più di un anno. Qui introdussi nuove migliorie e affinamenti che mi permisero di generare corrente a qualsiasi tensione desiderassi. Chi fosse interessato, può trovare più informazioni sugli esperimenti che condussi laggiù nel mio articolo *The Problem of Increasing Human Energy*, nel «Century Magazine» del giugno 1900, cui ho fatto riferimento in precedenti occasioni.

Il trasmettitore di amplificazione

L'«Electrical Experimenter» mi ha chiesto di

trattare questo argomento in modo esplicito, così che i miei giovani amici e lettori della rivista possano comprendere chiaramente la costruzione e il funzionamento del trasmettitore di amplificazione, e lo scopo per cui l'ho progettato.

Bene, in primo luogo va detto che è un *trasformatore risonante* con un avvolgimento secondario in cui le spire, caricate ad alto potenziale, sono piuttosto grandi e disposte nello spazio lungo ideali superfici avvolgenti con un raggio di curvatura molto ampio e a congrua distanza l'una dall'altra, in modo da assicurare *ovunque una piccola densità elettrica di superficie* così che non si verifichi *alcuna perdita anche se il conduttore è scoperto.* Adatto a ogni frequenza, da pochi a molte migliaia di cicli al secondo, può essere impiegato nella produzione di corrente a volume enorme e moderata pressione, oppure ad amperaggio più basso e immensa forza elettromotrice. La massima tensione elettrica dipende esclusivamente dalla *curvatura delle superfici* su cui sono posizionati gli elementi carichi e dalla sua ampiezza.

Cento milioni di volt potenziali

In base alle mie esperienze passate, ritengo che i cento milioni di volt siano un traguardo raggiungibile. Allo stesso modo, l'antenna permetterebbe di raggiungere correnti di molte migliaia di ampere. Per tali prestazioni è sufficiente un impianto di dimensioni piuttosto ridotte. Teoricamente un terminale di meno di trenta metri di diametro basta per sviluppare una forza elettromotrice di tale intensità, mentre per grandezze nell'ordine dei duemila-quattromila ampere alle consuete frequenze non è necessario superare i nove metri di diametro.

Più nel dettaglio, in questo trasmettitore senza fili la radiazione di onde hertziane è trascurabile rispetto all'energia prodotta; tali condizioni permettono un fattore di smorzamento estremamente ridotto, mentre nel condensatore viene immagazzinata una carica enorme. Questo circuito può essere eccitato da impulsi di ogni tipo, anche a bassa frequenza, ed emetterà onde sinusoidali e continue, simili a quelle di un alternatore.

Nel senso più stretto del termine, però, è un trasformatore risonante che, oltre a presentare le particolarità che ho descritto, è commisurato alle dimensioni del globo terrestre, alle sue costanti e proprietà elettriche e che, in virtù della sua progettazione, è estremamente efficiente ed efficace nella trasmissione senza fili dell'energia. La distanza, quindi, è del tutto eliminata, perché non vi è *alcuna diminuzione nell'intensità degli impulsi trasmessi.* È persino possibile fare in modo che l'amplificazione *cresca all'aumentare della distanza dalla centrale,* in base a una precisa legge matematica.

Quest'invenzione è parte del «Sistema mondiale di trasmissione senza fili» che intendevo commercializzare al mio rientro a New York, nel

1900. Gli scopi immediati del mio progetto erano chiaramente illustrati in un'informativa di carattere tecnico dell'epoca, da cui cito:

Il «Sistema mondiale» è il risultato di una combinazione di diverse scoperte realizzate dall'inventore nel corso di un lungo e continuativo processo di ricerca e sperimentazione.
Rende possibile non solo l'istantanea e puntuale trasmissione senza fili di ogni tipo di segnale, messaggio o carattere in qualsiasi parte del mondo, ma anche l'interconnessione tra le esistenti stazioni telegrafiche, telefoniche e di altro tipo, senza che sia necessario alcun aggiornamento delle attuali dotazioni.
Grazie a questo strumento, un abbonato telefonico potrà, per esempio, chiamare e parlare con qualsiasi altro abbonato in tutto il mondo. Un ricevitore poco costoso e non più grande di un orologio gli permetterà di ascoltare ovunque – per terra e per mare – un discorso tenuto o una musica suonata in un altro luogo, non importa quanto distante. Sono solo alcuni esempi che servono a illustrare le potenzialità di questo straordinario progresso scientifico, che azzera le distanze e rende un conduttore naturale perfetto – la Terra – disponibile per gli innumerevoli scopi che l'ingegno umano troverà alla comunicazione senza fili.
Un risultato a lungo termine è che ogni dispositivo attivabile attraverso uno o più fili (a distanza ovviamente ristretta) potrà essere messo in funzione senza l'ausilio di altri conduttori artificiali e mantenen-

do inalterate semplicità di utilizzo ed esattezza, a distanze il cui unico limite sarà la dimensione fisica del globo. Di conseguenza, questo ideale metodo di trasmissione non si limiterà ad aprire nuovi campi di sfruttamento commerciale, ma anche quelli esistenti ne saranno enormemente ampliati.

Il «Sistema mondiale» si basa sull'applicazione delle seguenti invenzioni e scoperte:

1. *Il trasformatore di Tesla.* Questo dispositivo è, nel campo della corrente elettrica, rivoluzionario quanto lo è stata la polvere da sparo nella tecnologia militare, e ha permesso all'inventore di generare corrente elettrica molto più intensa di quella prodotta con metodi tradizionali e scariche lunghe trenta metri.
2. *Il trasmettitore di amplificazione.* L'invenzione migliore di Tesla, un particolare tipo di trasformatore concepito per eccitare la Terra, che rappresenta per la trasmissione dell'energia elettrica ciò che il telescopio ha significato nell'osservazione astronomica. Utilizzando questo meraviglioso apparecchio Tesla ha già realizzato fenomeni elettrici più intensi di un fulmine e fatto passare intorno al globo terrestre corrente elettrica sufficiente ad accendere duecento lampadine a incandescenza.
3. *Il sistema senza fili di Tesla.* Questo sistema comprende una serie di migliorie ed è a oggi l'unico mezzo conosciuto per trasmettere in modo economico energia elettrica a distanza senza l'impiego di cavi. Meticolosi collaudi e misurazioni in collegamento con una stazione sperimentale di grande capacità, costruita dall'inventore in Colorado, hanno

dimostrato che un qualsivoglia quantitativo di energia può essere trasferito all'altro capo del mondo, se necessario, con una dispersione non superiore a pochi punti percentuali.

4. *L'arte dell'individualizzazione.* Quest'invenzione di Tesla sta alla primitiva sintonizzazione come una parlata forbita sta a un borbottio disarticolato. Rende possibile la trasmissione – sia attiva sia passiva – di segnali e di messaggi totalmente segreti ed esclusivi, il che significa che non interferisce e non subisce interferenze. Ogni segnale è come un individuo dotato di inconfondibile identità e non vi è limite al numero di stazioni e di strumenti che possono essere simultaneamente attivati senza il minimo disturbo reciproco.

5. *Le onde stazionarie terrestri.* Spiegata in parole povere, questa straordinaria scoperta significa che la Terra risponde alle vibrazioni elettriche a determinate frequenze proprio come un diapason a certe onde sonore. Queste vibrazioni elettriche, capaci di eccitare il globo, si prestano a innumerevoli scopi di grande importanza commerciale, e non solo.

La prima centrale del «Sistema mondiale» può essere operativa in nove mesi. In questo modo sarà possibile ottenere fenomeni elettrici di potenza pari a dieci milioni di cavalli vapore, impiegabili in numerose applicazioni tecniche senza ulteriori investimenti. Alcuni esempi:

1. L'interconnessione di uffici e centrali telegrafiche già esistenti in tutto il mondo.

2. La nascita di un servizio telegrafico segreto e non intercettabile a uso governativo.
3. L'interconnessione di uffici e centrali telefoniche già esistenti in tutto il mondo.
4. La diffusione globale delle notizie, via telegrafo o telefono, in collegamento con la stampa.
5. La creazione di un «Sistema mondiale» destinato all'*intelligence* a uso privato.
6. L'interconnessione e la gestione delle quotazioni azionarie di tutto il mondo.
7. La creazione di un «Sistema mondiale» destinato alla distribuzione musicale ecc.
8. La sincronizzazione universale della misurazione del tempo, in modo che anche orologi poco costosi e di semplice uso possano indicare l'ora esatta con precisione astronomica.
9. La trasmissione in tutto il mondo di caratteri scritti a macchina o a mano, lettere, assegni ecc.
10. La nascita di un servizio marittimo globale, che permetta ai navigatori di tutto il mondo di orientarsi perfettamente senza l'uso della bussola, di stabilire con precisione la posizione, l'ora e la velocità, in modo da prevenire collisioni e disastri ecc.
11. L'inaugurazione di un sistema di stampa universale, per terra e per mare.
12. La riproduzione, ovunque nel mondo, di immagini fotografiche, e di ogni tipo di disegno o registrazione.

Proposi anche di dare una persuasiva dimostrazione della trasmissione senza fili dell'energia su scala ridotta, ma sufficiente a risultare convincente. E ho lasciato trapelare, oltre a queste, altre possibili applicazioni delle mie scoperte, incomparabilmente più importanti, che renderò note nel prossimo futuro.

A Long Island, fu costruita una centrale con un'antenna di 57 metri e un terminale sferico di 21 metri di diametro, dimensioni adatte alla trasmissione di qualsivoglia quantitativo di energia. In origine, mi limitai a potenze di duecento-trecento chilowatt, ma con il proposito di arrivare a diverse migliaia di cavalli vapore. Il trasmettitore era concepito per emettere un'onda complessa con speciali caratteristiche e avevo ideato un metodo univoco per controllare telefonicamente qualsiasi quantità di energia.

La torre è stata distrutta un paio di anni fa, ma i miei progetti continuano a svilupparsi e un'altra centrale, più aggiornata, verrà costruita. Colgo l'occasione per confutare l'idea, circolata un po' ovunque, che la struttura sia stata distrutta dal governo per motivi legati alla guerra. Una menzogna che potrebbe gettare il seme del pregiudizio nella mente di chi non sa che i certificati con cui, trent'anni or sono, mi è stata concessa la cittadinanza onoraria sono gli unici conservati al sicuro, mentre il resto dei miei diplomi, premi, lauree, medaglie sono impacchettati e stipati in vecchi bauli. Se questa informazione fosse fondata, poi, sarei stato risarcito della grossa somma di denaro che ho speso per la costruzione della torre. Al contrario, era interesse del governo preservarla, in particolare perché avrebbe reso possibile – per menzionare una tra tante possibili applicazioni – localizzare un sottomarino ovunque nel mondo. La mia centrale, i miei sistemi, le mie scoperte sono sempre stati a disposizione delle forze armate e sin dallo scoppio della guerra in Europa mi sono impegnato fino allo sfinimento su alcune invenzioni relative alla navigazione aerea, alla propulsione navale e alla trasmissione senza fili che sono di grande importanza per il destino della nazione.

Chi è ben informato sa che le mie idee hanno rivoluzionato il sistema industriale statunitense e, che io sappia, non vi è inventore vivente che sia stato fortunato quanto il sottoscritto, soprattutto se si parla di applicazioni militari delle sue innovazioni.

Mi sono trattenuto dall'esprimermi pubblicamente su questo argomento perché non trovavo giusto dilungarmi su questioni personali quando il resto del mondo sta affrontando grandi difficoltà.

Vorrei aggiungere, in ragione di varie voci di cui sono venuto a conoscenza, che il signor J. Pierpont Morgan non si è mai interessato a me in termini di investimento, quanto spinto dal medesimo spirito munifico che gli ha fatto abbracciare la causa di molti altri pionieri. Ha dato corso alle sue promesse e sarebbe stato irragionevole aspettarsi altro da un uomo del genere. Ha la più grande stima delle mie conquiste e mi ha dato ampia dimostrazione della sua completa fiducia nel fatto che io sappia raggiungere gli obiettivi che mi sono prefisso. Non ho alcuna intenzione di mostrarmi accomodante verso individui ottusi e gelosi che cercano di ostacolare i miei sforzi. Persone del genere sono, per me, null'altro che batteri di una malattia fastidiosa. Il mio progetto è stato rallentato dalle leggi della natura. Il mondo non era ancora pronto. Era troppo in anticipo sui tempi. Ma le stesse leggi trionferanno e lo coroneranno, infine, di un trionfale successo.

6.
L'ARTE DELLA TELEAUTOMATICA

Come recupera la mente di Tesla

Nessun argomento in cui mi sia impegnato mi ha richiesto tanta concentrazione e ha stressato a tal punto le più sottili fibre del mio cervello quanto il sistema basato sul trasmettitore di amplificazione. Ho riversato tutta l'intensità e il vigore della giovinezza nello sviluppo delle scoperte relative al campo magnetico rotante, ma quei primi progetti erano di segno differente. Per quanto impegnativi fino all'estremo, non implicavano l'acuto ed estenuante discernimento che ho dovuto esercitare nell'approcciare i complessi problemi relativi alla comunicazione senza fili. Nonostante la mia notevole resistenza fisica, alla fine il mio sistema nervoso, sfinito, si ribellò e andai incontro a un grave esaurimento nervoso, proprio quando il traguardo ultimo di quella lunga e difficile impresa era ormai all'orizzonte. Senza dubbio, avrei pagato un conto ben più salato in futuro – e la mia carriera sarebbe prematuramente terminata – se la provvidenza non mi avesse dotato di un sistema di sicurezza che sembra essersi affinato con il passare degli anni e che interviene senza fallo ogni volta che sto per esaurire le forze. Finché funziona, sono al sicuro dal pericolo del superlavoro, che minaccia anche altri inventori; peraltro, io non sono uno che ha bisogno di vacanze, diversamente dalla maggior parte delle persone. Quando sono troppo stanco, faccio come i «neri» che «cadono spontaneamente addormentati, mentre i bianchi si danno da fare». Azzardo una spiegazione avulsa dalla mia sfera di competenze: forse il corpo accumula a poco a poco una determinata quantità di una tossina e io cado in uno stato letargico per mezz'ora esatta. Quando mi risveglio, ho l'impressione che gli eventi immediatamente precedenti al sonno siano avvenuti molto tempo prima e se cerco di riprendere il corso dei pensieri avverto un intenso senso di nausea. Senza volerlo, mi rivolgo allora ad altre occupazioni e mi sorprendo per la freschezza mentale e la facilità con cui supero ostacoli che mi avevano altrimenti disorientato. Dopo qualche settimana o mese, mi torna la passione per l'invenzione temporaneamente abbandonata e riesco sempre a trovare una risposta alle domande più snervanti con sforzo quasi nullo.

A questo proposito racconterò un'esperienza sbalorditiva che potrebbe interessare gli studenti di psicologia. Ero riuscito a produrre uno straordinario fenomeno con il mio trasmettitore a terra e stavo cercando di stabilire se fosse vantaggioso in relazione al propagarsi della corrente attraverso il terreno. Pensavo fosse un proposito disperato, e per più di un anno lavorai senza sosta, ma invano. Quella ricerca mi assorbì al punto che dimenticai tutto il resto, anche la mia salute sempre più cagionevole. Alla fine, quando ero sull'orlo del collasso, la natura dispiegò il rimedio del sonno fatale. Ripresi i sensi, realizzai con sgomento che non ero in grado di visualizzare ricordi della mia vita all'infuori di quelli dell'infanzia, i primissimi che si erano inscritti nella mia coscienza. Curiosamente, questi si materializzavano in modo assai vivido e mi accordavano un gradito sollievo. Notte dopo notte, quando andavo a dormire, mi concentravo su di essi, e di volta in volta mi veniva disvelato un nuovo frammento della mia esistenza. L'immagine di mia madre era sempre protagonista dello spettacolo che andava progressivamente dispiegandosi davanti ai miei occhi, e presto fui preso da un intenso desiderio di rivederla. Questo sentimento si fece così forte che presi la decisione di lasciare il lavoro e di assecondarlo. Lasciare il laboratorio, però, si rivelò un compito quasi impossibile, e diversi mesi passarono mentre recuperavo memoria della mia vita passata, fino alla primavera del 1892. Nella successiva scena che affiorò dalle nebbie dell'oblio mi trovavo all'Hotel de la Paix, a Parigi, e mi stavo giustappunto risvegliando da uno dei miei provvidenziali sonni incantati, causati da un protratto stress cerebrale. Immaginate ora il dolore e l'angoscia che provai quando a balenarmi davanti agli occhi fu l'immagine di un messaggio che mi veniva consegnato, in cui mi si informava che mia madre stava morendo; allora, ricordai il lungo viaggio verso casa, affrontato senza nemmeno un'ora di pausa, e di come lei morì, dopo settimane di agonia.

La cosa notevole è che, in tutto quel periodo di memoria obliterata, ero estremamente reattivo a qualsiasi cosa riguardasse l'argomento delle mie ricerche. Ricordo ogni minimo dettaglio, persino le più insignificanti osservazioni effettuate durante gli esperimenti, e potrei recitare a memoria pagine e pagine di testo e di complesse formule matematiche.

Credo fermamente nella legge di compensazione. Le vere ricompense sono sempre proporzionate agli sforzi e ai sacrifici affrontati. È una delle ragioni per cui sono certo che, di tutte le mie invenzioni, il trasmettitore di amplificazione si dimostrerà essere il più importante e prezioso per le future generazioni. A suggerirmi questa previsione non è tanto la consapevolezza della portata della rivoluzione commerciale e industriale che sicuramente determinerà, quanto le conseguenze sulla vita umana legate alle molte conquiste che permette. Considerazioni di mera utilità pratica hanno poco peso rispetto ai maggiori benefici della civilizzazione. Dobbiamo affrontare enormi problemi che non possono essere risolti solo provvedendo alle nostre esigenze materiali, per quando abbondantemente. Al contrario, il progresso che procede in tale direzione è irto di pericoli, non meno sinistri di quelli che nascono dal bisogno e dalla sofferenza. Se volessimo sfruttare l'energia dell'atomo, o individuare un altro metodo per produrre energia illimitata e poco costosa in ogni parte del globo, questa conquista, al posto di essere una fortuna, potrebbe rivelarsi un disastro per il genere umano, causando contrasti e anarchia che, in ultimo, sfocerebbero nell'odioso instaurarsi di un regime dittatoriale. Il maggior vantaggio verrà dal progresso tecnologico teso all'integrazione e all'armonia, e il mio trasmettitore senza fili ne è un ottimo esempio: la voce umana e simili saranno riprodotte ovunque, e le industrie verranno alimentate da cascate lontane migliaia di chilometri; macchine aeree saranno spinte intorno al globo senza bisogno di soste, e l'energia del sole verrà controllata per creare laghi e fiumi secondo necessità e in modo da rendere fertili aridi deserti. L'introduzione del trasmettitore per le comunicazioni telefoniche, telegrafiche e simili annullerà all'istante le scariche di energia statica e altre interferenze che allo stato attuale riducono di molto le applicazioni dei sistemi senza fili. È un argomento importante, su cui vale la pena di spendere qualche parola.

Tesla rimprovera con forza gli uomini "statici"

Negli ultimi dieci anni, alcune persone hanno sostenuto con presunzione di essersi sbarazzate di questo disturbo. Ho esaminato con molta cura tutte le soluzioni proposte e ne ho testato la gran parte ancor prima che fossero presentate al pubblico, ma l'esito è stato costantemente negativo. Un recente comunicato ufficiale della US Navy potrebbe, forse, aver insegnato ai novellini creduloni della carta stampata come dare il giusto peso alle notizie che divulgano. In generale, questi tentativi sono basati su teorie così fallaci che, ogni volta che mi capitano sotto gli occhi, non posso esimermi dal considerarle con una buona dose di ironia. Non molto tempo fa, è stata annunciata una nuova scoperta, con assordante squillo di trombe, ma di nuovo si è dimostrato il solito topolino partorito da una montagna.

Mi ricordo un eccitante avvenimento occorso pochi anni or sono, quando stavo conducendo esperimenti sulla corrente ad alta frequenza. Steve Brodie si era appena tuffato dal ponte di Brooklyn. L'impresa è ormai banale dacché molti l'hanno imitata, ma all'epoca la notizia aveva elettrizzato New York. Allora ero molto impressionabile, e parlavo spesso dell'audace tipografo. Un caldo pomeriggio, sentii la necessità di rinfrescarmi ed entrai in uno dei trentamila e più esercizi di questa fantastica città in cui si poteva sorbire una deliziosa bevanda con più di dodici gradi alcolici, ora reperibile solo con un viaggio nei poveri e devastati paesi del Vecchio Continente. La clientela era numerosa e piuttosto eterogenea e si discuteva di un argomento che mi fornì il destro per un'imprudente osservazione: «È quello che ho detto quando mi sono buttato dal ponte». Appena ebbi pronunciato quelle parole, mi sentii come il compagno di Timoteo nel poema di Schiller.

Un istante dopo, in un pandemonio di voci, sentii gridare: «È Brodie!». Lanciai un quarto di dollaro sul bancone e mi diressi verso l'uscita, tallonato da una folla urlante: «Fermati, Steve!». Dovevano aver sbagliato persona, visto che in molti cercavano di trattenermi mentre disperavo di mettermi in salvo. Sfrecciando dietro l'angolo, riuscii fortunosamente a raggiungere il laboratorio attraverso un'uscita di sicurezza, mi sfilai il cappotto, indossai una tuta da lavoro e accesi la fornace. Precauzioni che si rivelarono inutili: avevo ormai eluso i miei inseguitori. Per molti anni a venire, quando – di notte – l'immaginazione trasforma in fantasmi le miserabili preoccupazioni della giornata, ho spesso pensato a che ne sarebbe stato della mia faccia se quella folla mi avesse catturato e avesse scoperto che non ero affatto Steve Brodie!

Ora, l'ingegnere che ha di recente illustrato a un organismo specializzato un nuovo rimedio contro le scariche statiche basato su una «finora sconosciuta legge di natura» mi sembra imprudente tanto quanto lo fui io, quando afferma che questi disturbi si propagano dal basso verso l'alto, mentre quelli di un trasmettitore procedono parallelamente alla superficie terrestre. Sarebbe come dire che un condensatore come il nostro pianeta, che ha un involucro gassoso, possa essere caricato e scaricato in modo contrario a quanto stabilito dalle più basilari leggi di fisica illustrate in un qualsiasi manuale di base. Una supposizione del genere sarebbe stata dichiarata erronea persino ai tempi di Franklin, perché i fatti basati su questi presupposti erano già noti allora e l'identità tra elettricità atmosferica e quella sviluppata dalle macchine era pienamente riconosciuta. Com'è ovvio, i disturbi naturali e artificiali si propagano attraverso l'aria e il terreno esattamente nello stesso modo – entrambi cioè generano forze elettromotrici sia in orizzontale sia in verticale. Le interferenze, quindi, non possono essere annullate in nessuno dei modi finora indicati. Le cose stanno così: nell'aria, il potenziale elettrico aumenta a un ritmo di circa cinquanta volt ogni trenta centimetri, il che può generare una differenza di venti-quarantamila volt tra la base e la sommità dell'antenna. Le masse dell'atmosfera, cariche di elettricità, sono in costante movimento e trasferiscono elettricità al conduttore, non continuativamente bensì in modo improvviso, provocando un fastidioso rumore stridente nel ricevitore. Più è alto il terminale e maggiore la distanza tra i fili, più grande sarà l'intensità del fenomeno, ma è importante notare che si tratta di un fenomeno localizzato, che nulla ha a che fare con il vero disturbo. Nel 1900, quando stavo portando a termine il mio sistema senza fili, c'era un apparecchio che richiedeva la compresenza di quattro antenne, perfettamente calibrate sulla medesima frequenza e collegate in serie con lo scopo di amplificare l'effetto ricevente in ogni direzione. Quando cercai di stabilire la fonte degli impulsi trasmessi, ogni coppia di antenne in diagonale veniva connessa in serie con una spira primaria che dava energia al circuito rilevatore. Nella prima configurazione il suono all'interno del ricevitore era molto forte; nella seconda, come previsto, cessava del tutto, perché le due antenne si neutralizzavano reciprocamente; eppure, le scariche si manifestavano in entrambi i casi e dovetti prevedere speciali misure che si basavano su differenti principi.

Il rimedio per l'elettricità statica

Utilizzando ricevitori collegati a due punti a terra, come ho suggerito molto tempo fa, i disturbi causati dalla carica elettrostatica nell'aria, assai rilevanti nelle strutture costruite ai nostri giorni, vengono annullati; inoltre, i problemi causati da ogni tipo di interferenza sono ridotti della metà, in ragione della natura direzionale del circuito. Un fatto perfettamente autoevidente, che si è però manifestato come una vera e propria rivelazione agli occhi di persone poco esperte di trasmissione senza fili, la cui esperienza era confinata ad apparecchi così semplici che avrebbero potuto essere migliorati con un colpo d'ascia, e che si vantavano della pelle dell'orso prima di averlo ucciso. Se le buffonate realizzate da personaggi dal genere fossero davvero attendibili, allora dovrebbe essere facile annullare le interferenze ricevendo il segnale senza antenne. Alla prova dei fatti, però, un cavo sotterraneo, che, secondo loro, dovrebbe essere assolutamente immune alle interferenze, è invece più suscettibile ad alcuni tipi di impulsi esterni di quanto non lo sia uno piazzato verticalmente nell'aria. A essere onesti, è stato fatto qualche passo in avanti, ma non grazie a un'apparecchiatura o un metodo particolari. Semplicemente, si è deciso di smantellare le grandi strutture che non sono un granché per la trasmissione – e sono assolutamente inadatte alla ricezione – adottando al loro posto un ricevitore più idoneo allo scopo. Come ho puntualizzato in un precedente articolo, per eliminare davvero le interferenze statiche bisogna cambiare radicalmente i sistemi di comunicazione, e prima sarà fatto, meglio sarà.

Un indesiderato controllo delle comunicazioni radio da parte del governo

Sarebbe una vera e propria calamità se, proprio quando questa tecnologia sta muovendo i primi passi e la stragrande maggioranza degli esperti non ha ancora compreso le sue vere potenzialità, si anticipasse un frettoloso progetto di legge per aggiogarla al controllo del governo.

La proposta è stata avanzata qualche settimana fa dal segretario Daniels, e non c'è dubbio che quell'illustre funzionario abbia presentato il suo appello al Senato e alla Camera mosso da sincera convinzione. Ma è universalmente evidente che i migliori risultati si ottengono nell'ambito di una salutare competizione commerciale. Ci sono, inoltre, ragioni eccezionali per cui alla comunicazione senza fili debba essere concessa la più totale libertà di sviluppo. In primo luogo, perché offre potenzialità di miglioramento della vita umana incommensurabilmente più ampie ed essenziali rispetto a quelle di ogni altra invenzione o scoperta nella storia dell'uomo. Ancora, vale la pena di ricordare che questa straordinaria invenzione è stata integralmente sviluppata qui, e può quindi essere salutata come «americana» con più diritto e più propriamente del telefono, della lampadina a incandescenza e dell'aeroplano. Giornalisti arrembanti e agenti di commercio hanno avuto talmente successo nel diffondere disinformazione che anche un periodico eccellente quale il «Scientific American» ne attribuisce il merito principale a una nazione straniera. I tedeschi, certo, ci hanno dato le onde hertziane, e gli scienziati russi, inglesi, francesi e italiani sono stati rapidi a sfruttarle per la comunicazione. Era un'ovvia applicazione del nuovo mezzo, realizzabile con la classica vecchia bobina a induzione – in sostanza poco più che un sistema di eliografia. Il raggio di comunicazione era molto limitato, i risultati ottenuti di scarso valore e le oscillazioni di Hertz, come mezzo per la trasmissione di informazioni sensibili, avrebbero potuto essere vantaggiosamente sostituite dalle onde sonore, come proposi io stesso nel 1891. Inoltre, tutti questi tentativi furono realizzati tre anni dopo la definizione dei principi base del sistema di comunicazione senza fili, oggi universalmente impiegato, e i suoi vantaggi strumentali sono stati descritti e implementati in America. Oggi non rimane alcuna traccia di queste applicazioni delle onde hertziane. I progressi hanno preso la direzione opposta e tutto quello che è stato fatto è un prodotto dell'intelletto e degli sforzi dei cittadini di questa nazione. I brevetti più importanti sono ormai scaduti e le opportunità sono alla portata di tutti. L'argomento principe del segretario fa leva sull'interferenza. Secondo quanto da lui affermato – e riportato dal «New York Herald» del 29 luglio – i segnali trasmessi da una stazione potente possono essere intercettati in qualsiasi villaggio del mondo. Proprio per questa ragione, come ho dimostrato nei miei esperimenti nel 1900, sarebbe inutile imporre delle restrizioni negli Stati Uniti.

Prima l'America

Per fare luce su questo punto, potrei ricordare che di recente un signore dall'aria eccentrica mi ha avvicinato con l'obiettivo di assicurarsi i miei servigi per la costruzione di trasmettitori di portata mondiale in un paese lontano. «Non abbiamo soldi», mi ha detto, «ma carrettate di oro massiccio e gliene daremo un'adeguata quantità.» Io gli ho risposto che volevo prima vedere che cosa si sarebbe fatto con le mie invenzioni in America, e con questo il nostro colloquio si è concluso. Ma sono contento che forze oscure siano al lavoro, perché col passare del tempo mantenere comunicazioni continue sarà sempre più difficile. L'unico rimedio è un sistema immune da qualsiasi tipo di interruzione. È stato perfezionato, esiste ed è stato fatto tutto il necessario per renderlo operativo.

Il terribile conflitto è ancora al centro dei nostri pensieri e forse al trasmettitore di amplificazione sarà riconosciuto maggior valore come strumento di attacco o di difesa, soprattutto in relazione alla *teleautomatica.*

Quest'ultima invenzione è la logica conseguenza di osservazioni che ho cominciato quando ero giovane e continuato nel corso della vita. Quando i primi risultati furono pubblicati, l'«Electrical Review» scrisse in un editoriale che sarebbe diventata uno dei «più potenti fattori nell'evoluzione e civilizzazione dell'umanità».

Non manca molto perché questa profezia si avveri. Nel 1898 e nel 1900 l'invenzione venne proposta al governo e forse sarebbe stata accettata se io fossi uno di quelli che si rivolgono al pastore Alessandro quando vogliono un favore dal pastore Alessandro. A quel tempo pensavo davvero che avrebbe permesso il superamento della guerra, in ragione della sua illimitata capacità distruttiva e perché esclude il fattore umano dal combattimento. Ma da allora, anche se non ho perso fiducia nelle sue potenzialità, ho mutato opinione.

La guerra non potrà essere evitata fino a quando non sarà rimossa la causa fisica del suo ricorrere, vale a dire, in ultima analisi, la vastità del pianeta su cui viviamo. Solo attraverso l'abolizione di ogni tipo di distanza, dal trasferimento delle informazioni al trasporto dei passeggeri, al rifornimento e alla trasmissione dell'energia, un giorno avremo le condizioni che ci garantiranno relazioni amichevoli permanenti. Quello che desideriamo, ora, sono contatti più stretti e migliore comprensione tra gli individui e le comunità di tutto il mondo, oltre all'eliminazione di ogni fanatica devozione per gli alti ideali di orgoglio ed egoismo nazionale, sempre pronti a precipitare il mondo nella barbarie primordiale e nel conflitto. Nessuna alleanza o atto del parlamento può prevenire una calamità del genere, perché si tratta di nuovi strumenti per consegnare il debole alla mercé del forte. Mi sono espresso a questo riguardo quattordici anni fa, quando un accordo tra diversi governi di punta – una specie di Santa Alleanza – fu suggerito da Andrew Carnegie, che può a buon diritto essere considerato il padre di quest'idea perché è stato lui a spendersi pubblicamente per essa e a darle maggiore impulso di chiunque altro prima che vi si impegnasse il presidente. Non nego che un accordo del genere potrebbe essere di vantaggio materiale per alcune popolazioni meno fortunate, ma non è in grado di farci raggiungere l'obiettivo primario. La pace può giungere solo come naturale conseguenza di un'universale presa di coscienza e della fusione delle diverse razze, ma siamo ancora molto lontani da questa incantevole realizzazione.

Per come vedo il mondo di oggi, alla luce dell'immane tragedia che abbiamo vissuto, sono sempre più convinto che l'interesse dell'umanità sarebbe meglio servito se gli Stati Uniti rimanessero fedeli alle proprie tradizioni, astenendosi da «alleanze vincolanti». Geograficamente lontani dal teatro di imminenti conflitti, senza l'incentivo dell'espansione territoriale, forti di risorse inesauribili e di un'immensa popolazione profondamente imbevuta dallo spirito di libertà e giustizia, gli Stati Uniti godono di una posizione unica e privilegiata. Possono perciò esercitare in modo indipendente il loro enorme potere e forza morale a beneficio di tutti, con più discernimento e maggiore efficacia che se fossero membri di una coalizione.

Teoria meccanicista della vita

In un breve articolo autobiografico pubblicato dall'«Electrical Experimenter» ho parlato della mia infanzia e raccontato la particolare afflizione che mi obbligava a estenuanti esercizi di immaginazione e riflessione. Quell'attività mentale, all'inizio involontaria e aggravata dalla pressione della malattia e della sofferenza, divenne come una seconda natura e mi condusse infine alla consapevolezza di non essere altro che un automa privo della capacità di pensare e agire liberamente e capace solo di reagire agli stimoli dell'ambiente circostante.

Il nostro corpo ha una struttura talmente complessa, i nostri gesti sono tanti e talmente diversi, le impressioni esterne sui nostri organi di senso tanto delicate e sfuggenti che la persona comune fatica a rendersi conto di questo fatto. E nulla è più convincente per l'investigatore accorto della teoria meccanicistica della vita che fu parzialmente intuita e propugnata da Descartes trecento anni or sono. Ma a quel tempo, molte importanti funzioni del nostro organismo erano ancora sconosciute, soprattutto in relazione alla natura della luce e alla struttura e al funzionamento dell'occhio, e i filosofi brancolavano nel buio. In tempi recenti, il progresso delle ricerche scientifiche è stato tale da non lasciare alcun dubbio riguardo a questa teoria, su cui sono stati pubblicati diversi lavori. Uno dei suoi più abili ed eloquenti esponenti è, forse, Félix Le Dantec, già assistente di Pasteur. Il professor Jacques Loeb ha condotto notevoli esperimenti nel campo dell'eliotropismo, dimostrando con chiarezza il potere controllante della luce sulle forme inferiori di organismi, e il suo ultimo libro – *Forced movements, tropisms, and animal conduct* – è illuminante. Ma mentre gli uomini di scienza accettano questa teoria come ogni altra, nel mio caso si tratta di una verità che dimostro di ora in ora, in ogni mia azione e pensiero. La consapevolezza di un'impressione esterna che produce un qualche tipo di coercizione, fisica o mentale, è sempre viva nella mia mente. Solo in rarissime occasioni, quando mi trovavo in uno stato di eccezionale concentrazione, ho avuto difficoltà a identificare l'impulso originario.

L'incapacità di osservare è una forma di ignoranza

La stragrande maggioranza degli esseri umani non è assolutamente consapevole di quello che succede intorno e dentro di lei, e milioni di persone si ammalano e muoiono prematuramente per questo motivo. Gli avvenimenti più comuni della vita di tutti i giorni le appaiono misteriosi e inspiegabili. Uno potrebbe provare un'improvvisa sensazione di tristezza e setacciare il proprio cervello alla ricerca di una spiegazione mentre invece si sarebbe dovuto rendere conto che la causa era una nube che aveva oscurato i raggi del sole. Oppure figurarsi l'immagine di un caro amico in modo molto particolareggiato, quando invece l'ha incrociato per strada poco prima o ne ha visto da qualche parte una fotografia. Quando perde un bottone della camicia si lamenta e impreca per un'ora intera, incapace di richiamare alla memoria le sue precedenti azioni e di ritrovare direttamente l'oggetto. L'incapacità di osservare è una forma di ignoranza ed è la causa delle molte azioni eccessive e stupide opinioni dominanti. Solo una persona ogni dieci non crede nella telepatia e in altre manifestazioni psichiche, nello spiritismo e nella comunione coi morti, e si rifiuterebbe di dare ascolto, volente o nolente, ai ciarlatani. Solo per dimostrare quanto questa tendenza sia profondamente radicata anche nella lucida popolazione americana, potrei ricordare un simpatico incidente.

Fenomeni paranormali alla manifattura di Flivvers

Prima della guerra, quando la dimostrazione del funzionamento delle mie turbine in questa città suscitò grande scalpore sulle riviste tecniche, mi aspettavo che i capitani di industria si sarebbero litigati la mia invenzione.

In particolare, avevo fatto un pensiero a quel famoso uomo di Detroit dotato di una straordinaria capacità di accumulare milioni. Ero talmente sicuro che prima o poi si sarebbe fatto vivo, che lo avevo dato per certo alla mia segretaria e ai miei assistenti. Come previsto, un bel mattino, un gruppo di ingegneri della Ford Motor Company si presentò per discutere un importante progetto. «Non ve l'avevo forse detto?» chiesi trionfante ai miei impiegati. Uno di loro rispose: «Lei è straordinario, signor Tesla, le cose vanno sempre come ha previsto!». Appena quegli uomini risoluti si furono seduti, cominciai a snocciolare le meravigliose capacità della mia turbina; il loro portavoce mi interruppe dicendo: «Sappiamo già tutto, ma siamo qui in missione speciale. Abbiamo formato una società di psicologia per indagare i fenomeni psichici e vorremmo che si unisse a noi». Penso che quegli ingegneri non si siano resi conto di quanto fossero vicini a essere cacciati via.

Confutazione dello spiritismo

Sin da quando alcuni dei più eminenti uomini della loro epoca, scienziati il cui nome è destinato a restare immortale, mi dissero che ero dotato di intelligenza non comune, ho piegato le mie facoltà al compito di escogitare soluzioni a problemi di grande rilevanza, senza preoccuparmi dei sacrifici. Per molti anni mi sono sforzato di risolvere l'enigma della morte e ho ricercato bramosamente ogni possibile traccia metafisica. Solo una volta, nel corso della mia esistenza, ho avuto un'esperienza che mi ha lasciato l'impressione, ancorché momentanea, di sovrannaturale. È stato all'epoca della morte di mia madre. Ero completamente esausto per il dolore e la lunga veglia, e una notte fui chiamato in un edificio a due isolati di distanza da casa nostra. Mentre me ne stavo là, sdraiato e senza forze, pensai che se mia madre fosse morta mentre io ero lontano dal suo letto, mi avrebbe mandato un segno. Due o tre mesi prima mi trovavo a Londra in compagnia di un compianto amico, Sir William Crookes, quando si cominciò a discutere di spiritismo, e io fui completamente avvinto da quelle riflessioni. Forse non avrei dato ascolto ad altre persone, ma ero molto sensibile alle argomentazioni del mio amico, visto il suo monumentale lavoro sulla materia radiante che avevo letto sui banchi di scuola e che mi aveva convinto ad abbracciare la carriera dedicata allo studio dell'elettricità. Pensai che le condizioni per uno sguardo sull'aldilà fossero quantomai favorevoli perché mia madre era una donna di genio e particolarmente dotata di intuizione. Per tutta la notte ogni fibra del mio cervello rimase in tensione per l'attesa, ma non accadde nulla fino al primo mattino, quando mi addormentai – o forse svenni –, e vidi una nuvola sormontata da figure di angelica bellezza, una delle quali mi rivolse uno sguardo amorevole e prese gradualmente le sembianze di mia madre. L'apparizione ondeggiò con lentezza attraverso la stanza per poi svanire e io fui svegliato da un coro di voci di indescrivibile dolcezza. In quell'istante – non sono in grado di spiegare come sia avvenuto – ebbi la certezza che mia madre fosse morta. Ed era la verità. Ero incapace di comprendere il tremendo peso della dolorosa consapevolezza che avevo raggiunto in anticipo, allora scrissi una lettera a Sir William Crookes, ancora sotto l'effetto di quelle sensazioni e di una salute malferma.

Quando mi ripresi, riflettei a lungo sull'origine esterna di quella visione e, con grande sollievo, trovai una spiegazione dopo mesi di inutili sforzi. Avevo infatti visto il dipinto di un famoso artista che rappresentava allegoricamente una delle stagioni nella forma di una nuvola sopra cui fluttuava una teoria di angeli. Una visione che doveva avermi colpito con forza. Era esattamente la stessa immagine che mi era apparsa in sogno, salvo la somiglianza con mia madre. La musica invece veniva dal coro di una chiesa nelle vicinanze, in cui si celebrava la messa mattutina di Pasqua, il che permetteva di spiegare ogni cosa in modo soddisfacente e conforme alle regole della scienza.

Questo accadde molto tempo fa e da allora non ho mai avuto la minima tentazione di cambiare opinione sui fenomeni psichici e spirituali, che non hanno alcun fondamento. Credervi è una conseguenza naturale dello sviluppo intellettuale. I dogmi religiosi non sono più accettati nella loro accezione ortodossa, ma ogni individuo si aggrappa alla fede come a una sorta di potere supremo. Dobbiamo tutti possedere un ideale di condotta che ci assicuri delle soddisfazioni, ma è assolutamente indifferente che si tratti di un credo, dell'arte, della scienza o di qualsiasi altra cosa, purché assolva la funzione di una forza smaterializzante. Ma è essenziale alla pacifica esistenza dell'umanità intera il prevalere di un'idea comune.

La straordinaria scoperta di Tesla

Non sono riuscito a trovare alcuna prova per dirimere la querelle tra psicologi e spiritisti, ma ho dimostrato in modo più che soddisfacente l'automatismo della vita, non solo attraverso l'osservazione continua di azioni individuali, ma in maniera ancor più conclusiva grazie ad alcune deduzioni di carattere generale. Queste si riferiscono a una scoperta che considero della massima importanza per la società umana, sulla quale mi soffermerò brevemente.

Ho avuto la prima intuizione di questa straordinaria verità quando ero ancora giovane, ma per molti anni ho interpretato quei fatti come mere coincidenze. In particolare, ogni qualvolta io o una qualsiasi persona cui ero legato, o una causa cui mi ero dedicato, venivamo attaccati in una qualche maniera che può essere generalmente considerata la più ingiusta possibile, provavo un intenso dolore che, in mancanza di un termine migliore, ho definito «cosmico»; subito dopo, invariabilmente, coloro che avevano inflitto il male andavano in rovina. Dopo una serie di casi del genere, ho confessato la cosa ad alcuni amici, che hanno avuto l'opportunità di convincersi della bontà della teoria che avevo gradualmente concepito e che potrebbe essere definita come segue.

> I nostri corpi sono simili per struttura ed esposti ai medesimi influssi esterni. Ciò si traduce in una risposta simile e in una corrispondenza delle attività generali su cui si basano le nostre leggi e regole sociali. Perché siamo automi, completamente assoggettati alle forze dell'ambiente che ci circonda, sballottati come tappi di sughero sulla superficie dell'acqua, e scambiamo per libero arbitrio le reazioni agli impulsi che provengono dall'esterno. I movimenti e le altre azioni che compiamo sono sempre votati a preservare la vita e, per quanto sembriamo slegati gli uni dagli altri, siamo invece invisibilmente interconnessi. Finché l'organismo è

in perfette condizioni risponde con accuratezza agli stimoli esterni che lo colpiscono, ma nel momento in cui l'individuo è in qualche modo danneggiato, la sua forza di autoconservazione è compromessa. Chiunque è in grado di comprendere, per esempio, che se uno diventa sordo, ha la vista indebolita o un arto ferito, deve fronteggiare una speranza di vita ridotta. Ma questo è vero anche, e forse soprattutto, per alcuni difetti cerebrali che privano l'automa della sua abilità vitale e lo condannano alla distruzione. Un essere dotato di notevoli sensibilità e spirito di osservazione, con tutti gli «ingranaggi» funzionanti, e che quindi reagisce con precisione alle mutevoli condizioni ambientali, è dotato di un senso meccanico trascendente che lo rende capace di evitare pericoli troppo sottili per essere direttamente percepiti. Quando viene in contatto con altri organismi i cui meccanismi di controllo sono fatalmente guasti, la sensazione che prova è appunto quella di un dolore «cosmico».

La veridicità di tale teoria si è manifestata in centinaia di casi, e invito altri studenti della natura a considerare con attenzione questo argomento, nella convinzione che un impegno sistematico e combinato sfocerebbe in un incalcolabile progresso per il mondo.

Il primo automa di Tesla

Immediatamente, mi venne l'idea di costruire

un automa per dimostrare la mia teoria, ma non gli diedi forma concreta fino al 1893, quando cominciai le ricerche sulla trasmissione senza fili. Nei due o tre anni seguenti, costruii una gran quantità di meccanismi a controllo remoto e li mostrai a diversi visitatori nel mio laboratorio. Nel 1896, disegnai una macchina completa, capace di compiere una moltitudine di operazioni, ma il coronamento delle mie fatiche fu rimandato fino al 1897. Ho illustrato e descritto quella macchina in un articolo sul numero di giugno del 1900 di «Century Magazine» e su altri periodici dell'epoca e, quando fu mostrata per la prima volta all'inizio del 1898, suscitò una reazione mai riscontrata prima per altre mie invenzioni. Nel novembre 1898 mi fu riconosciuto un brevetto, ma solo dopo che l'esaminatore capo era venuto a New York per assistere alla dimostrazione, perché ciò che avevo dichiarato sembrava loro incredibile. Mi ricordo che quando, più tardi, chiamai un funzionario di Washington per proporre la mia invenzione al governo, scoppiò a ridere mentre gli spiegavo quello che avevo realizzato. Nessuno, all'epoca, poteva nemmeno immaginare che si potesse realizzare uno strumento del genere. È una sfortuna che in quel brevetto, seguendo il consiglio dei miei avvocati, io abbia indicato che il controllo era realizzato attraverso un solo circuito e un ben noto tipo di rivelatore, perché non avevo ancora garantito la giusta protezione ai miei metodi e strumenti per l'individuazione. Di fatto, le mie barche erano controllate dall'azione combinata di diversi circuiti, e ogni tipo di interferenza era azzerato. In generale mi servivo di circuiti a forma di anello, che includevano i condensatori, perché le scariche dei miei trasmettitori ad alta tensione caricavano di ioni l'aria circostante in modo tale che anche una piccolissima antenna avrebbe potuto estrarre corrente elettrica per ore. Per dare un'idea, ho scoperto che un bulbo sottovuoto di trenta centimetri di diametro e con un solo terminale cui è collegato un filo corto poteva produrre un migliaio di lampi di luce prima di esaurire completamente la carica elettrica contenuta nell'aria del laboratorio. Il circuito ad anello del ricevitore non ne era disturbato ed è piuttosto interessante notare come oggigiorno sia diventato piuttosto comune. In realtà raccoglie molta meno energia delle antenne o di un lungo cavo terrestre, ma lo fa in un modo che esclude una gran quantità di difetti che affliggono gli attuali strumenti senza fili. Nel dimostrare il funzionamento delle mie invenzioni chiedevo al pubblico di porre delle domande, e l'automa rispondeva a gesti. All'epoca era considerata alla stregua di una magia, ma era in realtà molto semplice, perché ero io a dare le risposte servendomi della macchina.

In quello stesso periodo costruii un'altra grande barca teleautomatica, una cui fotografia è stata pubblicata sul numero dell'«Electrical Experimenter» citato in precedenza. Era controllata da circuiti ad anello, con diversi avvolgimenti all'interno dello scafo, che era completamente impermeabile e capace di immergersi in acqua. La strumentazione era praticamente identica a quella utilizzata per la precedente, salvo alcune dotazioni speciali che vi avevo installato come, per esempio, lampade incandescenti che rendevano visibile il corretto funzionamento della macchina.

Teleautomatica del futuro

Questi automi, controllabili nel campo visivo dell'operatore, rappresentavano i primi, incerti passi nell'ambito della disciplina teleautomatica per come la concepivo.

Il successivo passo logico sarebbe stata l'applicazione a meccanismi automatizzati controllabili al di fuori del campo visivo e poi a grande distanza dal centro di controllo e, sin da allora, ne ho raccomandato l'uso come strumenti di guerra in sostituzione delle armi.

Oggi l'importanza di questa proposta sembra ottenere giusto riconoscimento, almeno a giudicare dalle notizie sparse sui giornali che annunciano scoperte straordinarie, ma che, al contrario, non contengono nulla di nuovo. Ancorché in misura incompleta è possibile, con le attuali centrali senza fili, far decollare un aereo, fargli seguire una certa rotta e fargli eseguire determinate operazioni a molte centinaia di chilometri di distanza. Un siffatto apparecchio può essere meccanicamente controllato in diversi modi e non ho dubbi che possa risultare di qualche utilità in contesto bellico. Mentre non esistono oggi, in base alle mie conoscenze, strumenti che permettano di raggiungere il medesimo scopo in modo puntuale. Ho dedicato anni di studio a questo argomento, sviluppato strumenti che permetteranno di realizzare con facilità meraviglie di questo genere. Come ho detto in altre occasioni, quando ero uno studente universitario progettai una macchina volante molto diversa da quelle attualmente esistenti. Il principio di base era valido, ma non fui in grado di realizzarlo in pratica perché mi mancava un motore primo di sufficiente potenza. In tempi recenti ho risolto il problema con successo e ora sto progettando macchine aeree prive di superfici portanti, alettoni, eliche e altri orpelli esterni, in grado di raggiungere velocità elevatissime e capaci di rappresentare un valido deterrente per la pace futura.

Una macchina del genere, sostentata e spinta solo per reazione, è descritta in queste pagine ed è concepita per essere controllata sia in modo meccanico sia attraverso energia senza fili. Installando adeguate centrali energetiche sarà possibile lanciare un missile siffatto e farlo cadere nell'esatto punto desiderato, anche a centinaia di chilometri di distanza. Ma non ci fermeremo a questo. Saranno costruiti teleautomi capaci di agire al massimo delle loro facoltà intellettive e il cui avvento sarà foriero di una rivoluzione.

Già nel 1898 proposi alla delegazione di un'importante azienda manifatturiera la costruzione e l'esposizione di un mezzo di trasporto che, in totale autonomia, avrebbe eseguito una varietà di operazioni, implicando una qualche forma di discernimento. Ma la mia proposta fu tacciata di utopia e nulla fu fatto.

Al giorno d'oggi, molte menti eccelse si stanno sforzando di prevenire il ripetersi dell'orribile conflitto che si è concluso solo in teoria, la durata e le terribili conseguenze del quale avevo previsto in un articolo del «Sun», pubblicato il 20 dicembre 1914. L'alleanza proposta non è un valido rimedio, ma al contrario, come sostengono molti osservatori competenti, potrebbe comportare risultati di segno opposto. In particolare, è biasimevole che venga adottata una politica punitiva nella formulazione dei termini di pace, perché di qui a pochi anni, le diverse nazioni potranno combattere senza eserciti, navi e fucili, ma con armi di gran lunga più terribili, la cui portata distruttiva sarà potenzialmente illimitata. Ogni città, a prescindere da quanto lontana dal nemico, potrà essere distrutta e non vi è forza sulla terra che potrà impedirlo. Se vogliamo davvero evitare un disastro incombente e scardinare uno stato di cose che rischia di trasformare la terra in un inferno, dovremmo favorire lo sviluppo delle macchine volanti e della trasmissione senza fili dell'energia, senza rimandare e con tutte le risorse e la forza di cui questo paese è capace.

INDICE

Finito di stampare nel mese di maggio 2023
da Rotolito S.p.A.